En Suelo Extraño

Sherami Conesa Maíz

Portada: Miguel Conesa Osuna
Lectores: Miriam Maíz, Edgar J Maíz Vásquez, PhD y
Eileen Ortiz, PhD
Mapas: Google Maps

Pon en manos del Señor todas tus obras, y tus
proyectos se cumplirán.

Proverbios 16:3

Número de Control de la Biblioteca del
Congreso:2017912884
ISBN:13:978-1974387991
10:1974387992

Dedicatoria

Este libro está dedicado a Dios por sacarme a la luz
justo cuando ya no creía en Él.

Agradecimientos

Son muchas las personas involucradas en este sueño de darle vida a los recuerdos. Quiero comenzar agradeciendo a Dios, en quién dejé de creer por muchos años. Si no fuera por Él, jamás hubiera aprendido que la única manera de no caer en la oscuridad es creyendo en su luz. Gracias a Dios, el talento empolvado de la escritura se transformó en esta realidad que hoy estás leyendo.

También quiero darle gracias a mi padre Carlos Conesa, mi madre Miriam Maíz, mi hermano Carlos Julio y a mi pareja Rony Herrera quienes siempre creyeron en mí y apoyaron esta chispa adormecida por años. Agradezco a cada uno de los protagonistas que tan amablemente dijo que sí. Sara, Pepe, Denisse, Edith, Daniela, José Luis, Adriana, Lissette, Eleonora, Lina María, Richard e Iván. Sin ustedes no hubiera sido posible. También doy gracias a las personas que siempre mostraron entusiasmo por mi libro y de una u otra manera se mantuvieron apoyándome, ofreciendo ayuda, soluciones y sugerencias durante el trayecto. Mariangel Calderón, Sandra Maricé Rivera, Francisco Rivera, Betzy y Brian McBreen, Denisse Ruíz, Otilia Corral, Karla Viera y Arelys Castillo gracias por estar presente. Gracias a mis lectores Dr. Edgar Maíz y Dra. Eileen Ortíz por las correcciones, comentarios y reseñas. Agradezco a Anita Paniagua y a la Dra. Wanda Del Toro por tomar de su tiempo para leer y reseñar mi libro. Deseo agradecer también a todos los que me han seguido a través de mi página de autora en Facebook y en mi sitio web. Sus *likes* y comentarios mantuvieron el proyecto vivo mientras cobraba vida.

Por último, pero jamás menos importante, quiero agradecer a todos esos periodistas de calibre que día a día cumplen con su labor y están comprometidos con la justicia, la igualdad y los temas que aquejan a la comunidad latina en Estados Unidos. Sin personas como Jorge Ramos, Marielena Salinas, Pedro Ultreras, Norma García y Carlos Zapata no se daría a conocer nuestra realidad con profesionalismo. Mis respetos. Sin personas como ustedes se perderían las esperanzas y la justicia.

Gracias a todos y en especial a mi público por su infinito apoyo en este proyecto.

Reseñas

En Suelo Extraño de la autora Sheramí Conesa es un canto de tolerancia y justicia a nuestra sangre latina. Esa sangre que no importa donde se encuentre es movida por el amor a la familia, al trabajo duro y a la infinita fe. La autora no solo se conforma con presentar la dura realidad que vive el inmigrante latino para conquistar el país de los grandes rascacielos y sueños, sino que nos da la oportunidad de escucharlos contar sus historias para que sean éstas las que nos hablen.

¿Vale la pena perder las extremidades por un sueño? ¿Dejar atrás a una madre o a un hijo? ¿Carecer de lo más básico en busca de encontrar el sueño americano? Las situaciones que se documentan en este libro muy bien podrían pensarse que solo existen en películas. Sin embargo, los personajes de estas historias son reales, muchos son nuestros hermanos, primos, vecinos o compañeros de trabajo. En Suelo Extraño nos recuerda que, dentro de nuestra diversidad de culturas, clases sociales y económicas, al final, ese sueño americano no está en la tierra que pisamos, sino dentro de nuestro ser.

-ANITA PANIAGUA,
Mentora y autora del Best Seller
Emprendeser: Herramientas para reconocer y
desarrollar a tu ser emprendedor.

Reseñas

En el libro En Suelo Extraño la autora logra plasmar de una manera explícita, doce conmovedoras historias de quienes en algún momento de sus vidas fueron emigrantes y lucharon por su sueño americano. A través de los capítulos, la autora logra trasladar al lector de una manera descriptiva el contexto real de los países de origen de cada uno de ellos, entre los que se encuentra Colombia, Nicaragua, Honduras, México, Puerto Rico, El Salvador y Guatemala. En cada historia, el lector podrá experimentar las circunstancias personales que vivieron y sobrepasaron estas personas (en su mayoría mujeres) que decidieron emigrar al oeste y sur de los Estados Unidos. Se vivirá muy de cerca el dolor físico y emocional, la frustración, la impotencia, el hambre, el cansancio, la necesidad, como el punto crítico para salir de sus países e ir en búsqueda de una mejor calidad de vida. En fin, cada capítulo plasma una historia de vida diferente, pero con un denominador común, el deseo de progresar, el amor y la unidad familiar, como piezas claves para salir hacia adelante.

-EILEEN ORTIZ RIVERA, PhD
Catedrática
Departamento de Administración de Empresas
Universidad Interamericana de Puerto Rico
Recinto de Ponce

Reseñas

En suelo extraño es un tributo a los que han tenido la valentía de partir del suelo patrio con gran ilusión para encaminar una ruta inimaginable de múltiples vicisitudes y variables desconocidas. El retrato de doce historias de vida desenmascara el imaginario del sueño americano. Representa el choque entre las expectativas y aspiraciones del inmigrante y el discurso de un país que brinda oportunidades a las personas con ambición, deseo de superación, dedicación, tesón y perseverancia. Descorre el velo de la tierra prometida ante una realidad cultural, legal y actitudinal que trastoca la autoestima, el ánimo de lucha y hasta la fibra íntima del inmigrante.

Las vivencias capturadas demuestran el espíritu de lucha del ser humano y la fortaleza interna para levantarse ante las tribulaciones sociales, económicas y políticas que enfrenta el inmigrante en la realización de sus sueños. Las doce historias son testimonio de las experiencias agridulces de los inmigrantes en una tierra idealizada y los consecuentes desengaños e incertidumbres. En contraste, también atestigua el logro de sueños al superar barreras de idioma, intolerancia, estereotipos, prejuicios y xenophobia en un país multicultural, desmemoriado de su origen inmigrante.

-WANDA DEL TORO, Ph.D.
Catedrática, Universidad del Sagrado Corazón,
San Juan, Puerto Rico

Reseñas

La autora presenta de manera precisa y concisa, sin obviar detalles, doce (12) historias verídicas de personas que, por razones variadas, emigraron a Estados Unidos. Las historias incluyen personas de varios países de Latinoamérica que por necesidad o deseo se embarcaron en la aventura de establecerse en un país distinto al de su origen. El contenido incluye detalles del proceso del traslado físico de un país a otro, así como del proceso de adaptación sicológico y emocional que conlleva la migración. Los relatos ponen de manifiesto cómo situaciones conflictivas entre padres e hijos, novios y esposos, patrono y empleado, compañeros de estudios y amigos pueden oausar problemas físicos y emocionales. Las narraciones ofrecen frases que exponen la complejidad de los conflictos:

"Luchar por un ideal material, destruye más familias de lo que las une".

"Vine para cumplir mis metas, no para consumirme".

"Vine con la ilusión de ayudar a mi familia y ahora era una carga para ellos".

Además de exponer los conflictos, las historias tienen en común que presentan el espíritu combativo del ser humano para salir adelante. La firmeza y la perseverancia se presentan como adjetivos protagónicos. De igual manera, el apoyo de familiares, amigos y hasta desconocidos jugó un rol importante para enfrentar y superar las adversidades.

Algunas frases comunican inequívocamente el carácter de los protagonistas de las historias:

"La diferencia es que yo estoy siempre dispuesta a todo menos a estancarme. Tu disponibilidad de trabajar y a arriesgarte te abre o te cierra las puertas".
"Nunca supe lo que era pedirle al gobierno. Yo no vine aquí a pedir. Vine a progresar, aunque me costara sacrificio."
"Pienso que nosotros mismos somos los dueños de nuestro futuro y lo cambiamos para bien o para mal. Tal vez por temor a equivocarnos salimos más equivocados".

Probablemente muchos de nosotros tengamos una idea de lo que es un inmigrante, pues hemos sido o hemos conocido a uno en algún momento. La diversidad de las historias y la manera en que la autora las expone, invitan a la lectura reflexiva sobre el ser humano y su comportamiento. Definitivamente el libro es uno instructivo en el que se muestra que "querer es poder".

-EDGAR J MAÍZ VÁZQUEZ, PhD
Escuela Graduada de Administración de Empresas
Pontificia Universidad Católica de Puerto Rico

Sobre la portada

Las historias en este libro son muy diversas por lo que crear una portada con la que todos los participantes se pudieran identificar fue un trabajo arduo. Después de tantas ideas, simbolismos y metáforas llegué a la conclusión de que todos tenemos algo en común. El camino de la vida.

Unos tienen un camino más largo que otros, unos más atropellados, con altas y con bajas, pero todos tenemos que caminar nuestro propio camino. En el caso de todos los entrevistados, caminaron buscando una mejor oportunidad de vida. Todos coinciden con la imagen de ciudades grandes, con toner una maleta llena de sueños y buscar esa luz quo los guíe en el recorrido. Sin importar si llegaron por avión, caminando, manejando, como pasajero o por agua, todos venían persiguiendo el sueño que los trajo a este país.

Para lograr esta portada tan llena de metáforas recurrí a un gran artista y pintor quién tuvo la visión para interpretar todas estas ideas en un solo lienzo. Fueron muchas horas de trabajo, pero al final valió la pena. Aquí vemos la figura humana tal cual es, caminando hacia esa ciudad de los rascacielos, que es iluminada desde lo alto del cielo. La obra se titula Metáfora de un inmigrante y fue hecha en medio mixto con varios dibujos y detalles realizados a mano para crear el efecto final de pintado a mano en digital. Al final la portada fue representativa y perfecta.

Agradezco a Miguel Conesa Osuna por su excelente labor al recrear y transportarnos con su bello arte a la vida inmigrante.

Miguel Conesa Osuna, natural de Ponce, Puerto Rico tiene una trayectoria de 47 años en el quehacer creativo. Es pintor, ilustrador, muralista, dibujante, video artista y escritor de arte y cultura. Posee un bachillerato en Pintura, Artes Gráficas y Educación de la Universidad Interamericana de San Germán y una maestría en Dibujo y Pintura de la Pontificia Universidad Católica de Puerto Rico. Su trabajo ha sido expuesto en Cuba, Puerto Rico, Estados Unidos, Checoslovaquia e Italia.

Contenido

Prefacio

Esa mañana me levanté muy temprano, todavía no amanecía. Las maletas ya estaban en el carro que iba rumbo al aeropuerto. Era el último día en mi país natal, Puerto Rico. El amanecer llegó con el vuelo que haría escala en la ciudad de Orlando en Florida, Estados Unidos. Así emprendí mi viaje que tomó todo el día. En mi segundo vuelo iba soñando con el progreso que llegaría. Aprendería inglés y en seis meses estaría adaptada al país. Solo veía las cosas positivas y las grandes oportunidades que me esperaban. Yo sabía que iba a triunfar muy pronto. Llegó la noche y con ella el frío del invierno. Finalmente llegaba a mi destino, la ciudad de Plano en Texas, aquel 30 de noviembre de 2007.

¿Qué cosas negativas me podían pasar? Acababa de cumplir veintisiete años. Todavía era joven y llena de vida. Culminé mi maestría con honores y tenía ciudadanía americana. Había tomado un curso de inglés y me sentía segura de que todo jugaba a mi favor. Lo que jamás pensé fue que el país del progreso, el gran país de la libertad y el patriotismo fundado por inmigrantes no era tan perfecto y fácil como lo había idealizado. No faltaron los tropiezos, los golpes del racismo, las barreras del idioma y los sinsabores. Pasé como dirían en mi país, "la salsa y el guayacán".

Fueron muchas las lecciones aprendidas a golpes y me tomó años, nueve años para ser exacta, llegar a donde estoy hoy. En mi camino conocí gente de muchas partes del mundo, en especial latinos, que como yo han pasado por muchas experiencias iguales y hasta mucho peores. Me di cuenta que no era la única en el camino de altas y bajas.

Una de las experiencias que más me abrió los ojos fue trabajar como intérprete para las trabajadoras sociales de una compañía de salud. Poco a poco me fui dando cuenta que todos teníamos un sueño en común que aunque diferente, podría decirse redundaba en algo parecido. Todos estábamos en la búsqueda de algo. Algunos buscaban vivir en un lugar seguro, otros tener la oportunidad de estudiar, de tener un mejor trabajo o buscaban no morir de hambre. Durante el trayecto me di cuenta que los hispanos no somos iguales aunque tenemos en común muchas cosas entre ellas el idioma español, que cambia ligeramente según el país. Me he topado con personas que piensan que me crie comiendo un plato que en realidad probé por primera en Texas. Aquí descubrí que muchos utilizan incorrectamente la palabra raza y que el *spanglish* es cotidiano.

Lo que sí tenemos en común es que todos somos valientes. Atreverse a cambiar de país es un reto en todo el sentido de la palabra. Desde tomar la decisión, viajar, llegar, hasta sobrevivir aquí es un desafío y es peor si no cuentas con el idioma y el estatus migratorio a tu favor. Otras cosas que tenemos en común son el valor que le otorgamos a la familia, el calor humano y las ganas de alcanzar nuestras metas. Eso no solo nos hace valiosos, nos conecta como latinos.

En ese empleo batallé como nadie se imagina por múltiples razones, pero aprendí mucho y me hizo ver que cada historia es diferente, aunque siempre tiene en común alcanzar el sueño americano. Pero, ¿qué es el sueño americano? ¿Es acaso la búsqueda de la prosperidad? ¿Es vivir con igualdad de oportunidades? ¿Es obtener todos los bienes materiales que serían más difíciles o imposibles de alcanzar en nuestros países? ¿Es tener un techo y al menos una comida al día? ¿Qué es? ¿Existe? ¿Se puede lograr o es solo un mito? ¿Por qué cientos de miles de inmigrantes arriesgan sus vidas para venir a Estados Unidos? ¿Son todos pobres? ¿Analfabetas?

¿En qué circunstancias llegan? ¿Sobreviven? ¿Mueren? ¿Triunfan?

Para contestar estas preguntas entrevisté a once inmigrantes latinos que voluntariamente compartieron su historia conmigo. Desde sus memorias en El Salvador, Honduras, Guatemala, Colombia, Nicaragua, México y Puerto Rico me contaron cómo eran sus vidas en sus países, qué los impulsó a venir, cómo fue ese cruce de frontera, cómo ha sido su vida aquí y si existe el sueño americano o se arrepienten de haber venido. Durante este camino supe que también era importante relatar la historia desde los ojos de una hija de inmigrantes nacida en este país. ¿Cambia la perspectiva? ¿Se conserva la cultura?

En suelo extraño, no pretende discutir el problema de la inmigración legal o ilegal ni las cuestiones políticas del país. Tampoco intenta dar un punto final al debate de la inmigración. Este libro se dedica a recoger las historias de los que han llegado a este país. Identificar qué los impulsó a dejarlo todo atrás. Saber si valió la pena venir, luchar, sobrevivir, tratar de alcanzar el sueño americano y si de verdad lo cumplieron. Este manuscrito pretende mostrar una pequeña parte de la realidad hispana. Doce es un número poco representativo tomando en cuenta que somos cincuenta millones de latinos en Estados Unidos. Pero si de algo estoy segura es que cada historia arroja a la luz un mundo de diferencias y similitudes que deja caer las vendas y los estereotipos. Cada relato muestra datos importantes y abre la brecha para un sin número de temas que merecen análisis y atención. Todos están escritos en primera persona tal como si el mismo inmigrante le contara su historia al lector. Terminando de escribir miré hacia atrás y me di cuenta que tenía en mis manos un material maravilloso e infinitamente interesante plagado de la belleza de la diversidad. Puedo decir que amo el resultado final de este libro porque, aunque doce no es un número grande, sí representa la grandeza de nuestra cultura, de nuestra lucha, pero sobre todo representa nuestra huella inmigrante en el país de los inmigrantes.

Algunos lloraron al recordar las memorias que pensaban olvidadas. Lloré con ellos y di lo mejor de mí para caminar en sus zapatos, para plasmar su voz en papel y no descansé hasta volver a llorar cada lágrima escrita. Te invito a abrir tu corazón.

Embárcate en este viaje cuyo único equipaje es una maleta llena de sueños por cumplir.

Todos los protagonistas coinciden en que llegaron al país de la libertad con expectativas muy altas y con ganas de llegar lejos. ¿Habrá sido solo una fantasía el país de la libertad? ¿Existe un país perfecto dónde progresar? ¿Cómo llegaron? ¿Cómo fue su travesía, qué tropiezos enfrentaron, cumplieron sus sueños? ¿Realmente encontraron el país de las oportunidades o encararon una triste realidad?

¡Descúbrelo!

Comienza el recorrido por suelo extraño...
Honduras

José Luis vive en el estado de Maryland e imparte charlas de concientización sobre la inmigración forzada y los peligros de la Bestia. También es el líder de AMIREDIS (Asociación de migrantes retornados con discapacidad). Para más información sobre su labor con la comunidad puede visitar la página de AMIREDIS en Facebook.

Mutilado por la Bestia

Escucho el chasquido de mis pisadas en el barro mojado. Trato de caminar en él pero se me dificulta. Miro alrededor y me doy cuenta que la cosecha de café está bajo el lodo en el que se hunden mis pies. Huele a humedad y sé que todo cambió.

Nuestro esfuerzo estaba en ese cultivo perdido. El huracán Mitch arrasó en 1998 con todo dejando la tierra estéril. A mis once años vi cómo los deslaves acabaron con el campo, con los frutos y con la vida que conocía.

Me llamo José Luis Hernández y vivía con mi familia en Honduras cuando ocurrió esta tragedia. La lluvia provocó que las montañas se vinieran abajo destrozando los hogares y el modo de subsistencia de muchas familias como la mía. El agua se llevó la capa vegetal dejando el suelo inservible para la siembra.

Después de la devastación de los campos, nos fuimos a la ciudad para empezar desde cero en un cuartito. Vivíamos en una miseria terrible en algún rincón de la ciudad de El Progreso. Desde entonces, ya no hubo escuela para mí, pues trabajaba para ayudar. A veces encontraba empleo, otras veces no. Cuando no había, me desesperanzaba. La vida no era fácil, pero tuve que seguir.

Cuando tenía dieciséis años, en la desesperación de la pobreza y el hambre, se me metió en la cabeza la emigración. El norte representaba una oportunidad de sobrevivir, de comer. No tenía dinero para pagar el viaje ni para solicitar documentos. Así fue que emprendí la larga travesía de más de mil cuatrocientas millas a pie. Primero, salí de Honduras y crucé la frontera con Guatemala para llegar a un río. Luego, tomé una balsa para llegar a México y una vez allí, tuve que esquivar alrededor de cuarenta y ocho puntos de inspección para no ser deportado. Esto significaba exponerme a asaltos y secuestros para finalmente alcanzar el borde que une a México con Estados Unidos. Muchas veces sin comer ni descansar pues no hay dinero para comida ni alojamiento.

Desde ahí empieza la pesadilla para los centroamericanos, la persecución de migración, los abusos de las pandillas y la extorsión de los narcos y sufres la peor pesadumbre de tu vida. El gobierno mexicano no puede ayudar a los suyos, menos a los inmigrantes que pasan por su territorio. Yo sabía que era muy arriesgado, pero en Honduras no tenía nada más que una familia luchadora tratando de subsistir.

Mi madre me advirtió muchas veces de los riesgos, pero tenía que salir adelante. Caminar tres países sin los recursos necesarios es humanamente imposible. Por eso, al llegar a México, muchos abordamos ilegalmente un tren de carga que viaja desde el sur hasta el norte del país. Al contrario de lo que piensa la gente, no es solo un ferrocarril. Tienes que transbordar varios trenes para llegar a la frontera con la tierra prometida y este no es un viaje placentero. Tienes que esperar cerca de las vías hasta que llegue o se mueva el animal de hierro que llaman "la Bestia".

La primera vez que lo intenté me agarró la migra en Guajaca, México. El trayecto que recorrí fue suficiente para darme cuenta que el camino es demasiado peligroso. Además de los sicarios que secuestran para pedir dinero o para tráfico humano, vi cuando violaron a una mujer y no pude hacer nada para ayudarla. No es justo tanto dolor y sacrificio para terminar de vuelta en tu país de origen.

De regreso en Honduras, la situación no cambió. Trabajaba en lo que apareciera, si aparecía algo. El tener un mejor futuro para mi familia y salir de la pobreza era lo que me motivaba, pero no veía ese porvenir. Estuve en El Progreso hasta que cumplí los dieciocho años y volví a la pesadilla de cruzar. El hambre empuja a buscar algo mejor. Siempre se piensa que en Estados Unidos hay mejores oportunidades y arriesgas tu vida para llegar.

Así que me fui a Guatemala y crucé "mojado" otra vez. Caminé ayudado de la caridad de la gente para comer. Llegué a México donde tomé el tren desde Torreón a Juárez. Durante el camino sufrí mucho porque el clima es muy extremo. Caminas en zonas desérticas exponiéndote a picaduras de animales. El calor, el hambre y la deshidratación juegan en tu contra. Caminas días y noches escondiéndote de los narcos, huyendo de las autoridades y de las trampas del pedregoso camino que llaman la ruta del diablo. ¡Merecido tiene su nombre ese sendero que te lleva a los rieles para abordar la Bestia!

Ya llevaba veinte días en ese acecho. Me asaltaron y solo me quedaba la esperanza de llegar. Ese calor infernal que agota hasta dejarte moribundo me perseguía. Después de tanto anhelar, por fin me subí a la Bestia, pero no estaba acostumbrado a ese clima intenso. No paraba de sudar y me hallaba extremadamente cansado. No soportaba los pies que ya estaban hinchados de tanto caminar. Me acomodé donde se acoplan los vagones. Este era mi último tren. Estaba muy cerca de lograrlo, pero esa mañana del 11 de junio de 2006 quedé a oscuras. Me desmayé llegando a la ciudad de Delicias en México. Caí a los rieles y el violento golpe contra el hierro caliente me despertó. El tren me arrastró y me mutiló una pierna que seguía pegada de un hilo de piel a las ruedas. Con mi brazo derecho traté de liberarme, pero me lo voló de un golpe. La Bestia me arrastraba sin soltar mi pierna ya destrozada. Con la única mano que tenía intenté despegarme otra vez, pero la Bestia primero me arrancó tres dedos antes de finalmente dejarme ir.

Entre la conciencia y la inconsciencia del inmenso dolor, me rehusaba a creer lo que me acababa de ocurrir. Quedé tirado al pie de las vías desangrándome sin una pierna, un brazo y sin tres dedos mientras los vagones cargados de migrantes como yo pasaban a gran velocidad ensordeciendo mi desesperación.

Miré la sangre brotar de mis extremidades. Quise levantarme para pedir ayuda, pero no pude. Una persona que pasaba por allí corrió a auxiliarme. Resultó ser paramédico de la Cruz Roja. Si no fuera por él, hubiera muerto cercenado y solo. Aunque para ser sincero, en ese momento pensé que no iba a sobrevivir.

Dos días después desperté en el hospital y vi mi realidad. Ni siquiera podía llorar por todos los golpes que recibí. Solo parpadeaba y sentía las lágrimas salir de mis ojos. Vine con la ilusión de ayudar a mi familia y ahora era una carga para ellos. Sentí una grandísima impotencia de no poder hacer nada. Los doctores me ponían medicamento para tranquilizarme y así fue pasando el tiempo.

Alguien ayudó a mis papás en Honduras para que pudieran venir. Fue muy complicado conseguir la visa y tardaron más de un mes en recibir permiso. Mientras llegaban, supe que a mi mamá la hospitalizaron cuando se enteró. Pensaba en lo terrible que era esto para mí. No quería que ellos me vieran así. Recordaba las palabras de mi madre cuando me dijo "No lo hagas. Ya te fuiste y viste los peligros." Me partía el corazón y me llenaba de rabia porque no hice caso.

Estuve dos años internado en varios hospitales de México. Luego de tantas cirugías, regresé a Honduras a enfrentarme a la misma miseria por la que me había ido, pero ahora peor, con una discapacidad. Si antes la vida era difícil, el retorno a las mismas condiciones fue peor. Yo era un peso más para mi familia. Tenía que adaptarme a mi nueva vida y soportar esa realidad. Los vi sufrir por mí y eso me aniquilaba aún más. Ellos y la iglesia eran mi único consuelo. Siempre he creído en Dios y eso me ayudó a sobrellevar el dolor.

En El Progreso, me involucré con algunas organizaciones para discapacitados. Estas nos hablaron de nuestros derechos y nos animaron a formar un grupo ya que nos dimos cuenta que habían muchas personas mutiladas en la ciudad. En mayo de 2008 formamos la Asociación de Migrantes Retornados con Discapacidad (AMIREDIS) cuyo propósito es que el gobierno no solo vea la jugosa remesa de los emigrantes, sino que estén conscientes de las consecuencias que traen esas remesas. Setecientos mutilados, más de tres mil desaparecidos y trescientos muertos son solo algunos de los resultados de la migración forzada. Buscamos hacer un acercamiento a los gobiernos para que comprendan las dimensiones de la situación. Hemos hablado con algunos congresistas, pero tenemos un objetivo que no hemos cumplido, hablar con el Presidente de Estados Unidos.

Queremos que Trump se conmueva de la realidad que viven los migrantes centroamericanos. No existen oportunidades en Honduras, necesitamos que se dé cuenta de lo que ocurre y nuestras experiencias en el viaje a Estados Unidos, que vea nuestro sacrificio. Por eso, se nos ocurrió a cincuenta y tres mutilados hacer una caravana para ir a Washington. Era muy absurdo salir indocumentado y arriesgarse de nuevo, y esta vez discapacitado, pero de todos modos decidimos ir.

En febrero de 2015, solo diecisiete logramos salir de Honduras. Unos enfrentaron problemas graves de salud y tuvieron que regresarse. A los que continuamos, nos tomó un mes cruzar desde el sur de México hasta la frontera del norte. Caminamos, tomamos *buses*, dormimos en lugares sucios y hasta tuvimos que pedir dinero para continuar el viaje. A algunos le subió la presión durante el trayecto, pero siempre nos ayudamos unos a otros.

Llegamos caminando a Estados Unidos. Por alguna razón, ver un grupo de mutilados en muletas, sillas de rueda o caminando con prótesis no fue del agrado de los oficiales. Vinimos con la mejor intención de pedir asilo, pero fuimos arrestados y tratados como criminales. Como me falta un brazo, no me pudieron esposar. Me amarraron una cadena a la cintura como si fuera un animal. Nos mandaron a un centro de detención en San Antonio, Texas. Uno de los compañeros es diabético y su salud se deterioró mucho. Tuvo que regresar.

Después de dos meses detenidos, salimos con un permiso humanitario. Esto fue gracias a los abogados que vieron el caso en la televisión y nos ayudaron. Al salir del centro de detención, unos se fueron con familiares que ya vivían en Estados Unidos y otros nos fuimos a Maryland donde un buen samaritano nos tendió la mano.

El propósito de nuestro viaje era ser escuchados para que la gente conozca el dolor de la inmigración y pedirle al Presidente de Estados Unidos que ayude a reducir la migración forzada. Hay que evitar que otros inmigrantes pasen por lo que nosotros pasamos. Logramos llegar a Washington, pero Obama, quién era el presidente en ese momento, no nos quiso escuchar. Sé que hay cosas imposibles como que nos crezca un brazo o piernas, pero lógicamente se pueden evitar extorsiones, mutilados y mujeres violadas. En el camino estás vulnerable e impotente. Te conviertes en un ratón dentro de una jaula de leones y nadie hace nada. Lo mínimo que podía hacer era escucharnos.

Hoy, ya radicando en Estados Unidos, nos damos cuenta de que la situación en este país no es nada favorable para los indocumentados. He observado que hay mucha discriminación. Los americanos andan en su mundo y a los centroamericanos nos ven como un cero a la izquierda. Muchos se aprovechan de la situación de los inmigrantes ilegales pagándoles sueldos miserables, maltratándolos y violándoles sus derechos porque saben que no se atreven a quejarse. La gente trabaja para pagar una renta carísima, comida y ayudar a la familia. No puedes hacer nada más. Se vive atado al trabajo y a los pagos. Es triste estar preso en el país de la libertad.

Descubrí que el sueño americano no existe. Siquiera es un sueño, es una pesadilla. Realmente el inmigrante viene a trabajar como esclavo mal pagado, a vivir apretado y no la pasa nada bien. Le digo a la gente que, si yo hubiese sabido que así era la situación en este país, jamás hubiera arriesgado mi vida. No es fácil vivir aquí.

De que se puede salir adelante, se puede porque la pobreza en Latinoamérica es mental. Todos conocen las razones por la que se migra a Estados Unidos, el problema es que nadie hace algo. Hay cosas que son posibles si existiera voluntad política. Si nuestros países tuvieran condiciones de vida favorable, no tendríamos necesidad de emigrar, pero la corrupción, el desempleo, la falta de oportunidad y la ignorancia te obligan a venir hasta aquí aunque conozcas los riesgos.

Lo que buscamos es que esa tierra prometida que se espera aquí exista en nuestros países. Nadie quiere dejar a la familia. Todos quieren estar con ella y tener casa propia, un trabajo y educación para los hijos, pero eso es imposible en mi país. Como si la pobreza no fuera suficiente, también tienes que enfrentar la violencia que hace que todos vivan encerrados en sus casas. No sales porque no quieres que te maten por un celular. El crimen organizado tiene temblando a la gente. Nos vamos porque es intolerable vivir así. En esa desesperación se emigra para acá. Es un problema real y nuestros gobiernos son responsables de hacer algo. Solo quieren las remesas, pero lamentablemente no piensan en las vidas que están de por medio. Si ellos trabajaran por el bien del pueblo, se evitaría la emigración forzada.

Las grandes compañías nacionales que se establecen en América Latina hacen que el pobre sea más pobre y el rico más rico. Explotan con sueldos mediocres que apenas alcanzan para comer, menos para comprarles mochilas y ropa a los hijos. Ellos no favorecen al país y el gobierno lo permite. Deben ayudar al campesino para que no emigre a la ciudad súper poblada sin empleo. Tampoco es justo arriesgar la vida para mandar dinero al país que no invierte nada ni siquiera para repatriar un cadáver. Es muy difícil la situación. El gobierno debe tener en agenda resolver este problema, pero no les importa. Por eso nos propusimos ver al Presidente de Estados Unidos.

Logramos hablar con algunos congresistas y les planteamos nuestra posición. Uno de ellos se comprometió y fue a Honduras. Habló con las autoridades respecto a esta problemática, pero ahí quedó todo. Tenemos necesidad de hacer mucho para el emigrante. Necesitamos soluciones.

Es triste que Trump en vez de ayudar, quiera levantar el muro fronterizo sin ver la raíz del asunto. Fuera de gastar miles de millones de dólares, no va a lograr nada más porque la migración no se frena así. La van a detener buscando dónde se origina el problema. Solo generando condiciones de vida favorables, la gente dejará de venir. Este gasto desproporcionado de dinero hará que el inmigrante sufra más. Pero no va a evitar que ellos lleguen porque la violencia y el hambre continúan intactos. La necesidad los va a seguir empujando. Los narcos también se las van a ingeniar para continuar con la droga y el tráfico humano. Ellos no van a perder su lucrativo negocio.

Al principio creíamos que Trump solo lanzaba amenazas con el muro y las deportaciones, pero hoy sabemos que no es así. Nuestro futuro es muy incierto y me entristezco por los que llevan muchos años aquí y están en riesgo de perderlo todo por una deportación. Este presidente no tiene compasión de nadie.

Sigo pensando que la tierra prometida que buscamos debe ser nuestro país, no el extranjero. Si hubiera buena voluntad por parte de los gobiernos esto sería posible.

Por el momento, nuestro grupo vive legalmente gracias al permiso humanitario temporal. En el 2019 un juez decidirá si nos concede quedarnos o nos deportan. Necesitamos probar un miedo creíble para calificar. Algunos tenemos pensado regresarnos porque extrañamos la comida y la familia. Otros queremos una visa para viajar a nuestro país, pero eso es imposible si nos otorgan asilo.

Hoy, vivo junto a otros diez mutilados en Maryland y ofrezco charlas de concientización mientras lucho por nuestra causa. Continúo adelante con mi meta de hablar con el presidente de Estados Unidos y no pierdo nunca la fe porque la Bestia me robó mis extremidades, pero jamás mis sueños.

"Es muy difícil ser soñador porque tu vida en este país se puede terminar de un momento al otro."

-Alex Rodríguez

México

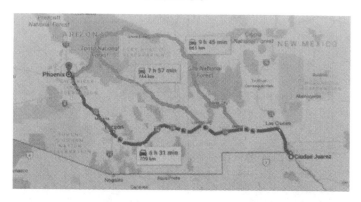

Alex Rodríguez ha ganado varias competencias de escritura entre ellas el Campeonato estatal en UIL Headline Writing. Es un estudiante con alto desempeño académico y próximamente comenzará sus estudios universitarios en el estado de Texas.

¿Sueño o realidad?

Mucha razón tienen al decir que Parral es la capital de la cultura chihuahuense. Allí se vive rodeado del calor humano que nos caracteriza como latinos. Es un lugar donde todos se dan la mano. Si el mundo fuera perfecto no habría que abandonar ciudades como Parral, pero la economía a veces aprieta a tal punto que hay que buscar nuevos horizontes.

Así lo hizo una tía cuando yo era pequeño. Ella nos platicaba de Estados Unidos, lugar que se me hacía asombroso. Entre las memorias de mi infancia en México, recuerdo que ella nos visitó y nos fuimos a un mercado de dólares en Juárez. ¡Podía comprar tantas cosas! Desde mis ojos de niño todo se veía bien.

Mi papá era gerente de un banco, y aunque no éramos ricos, podíamos tener vacaciones cada verano. Al terminar el segundo año de primaria, nuestra situación económica se deterioró. Mi padre decidió sacar una visa de turista y probar suerte con unos familiares en Phoenix, Arizona. Mi mamá, hermano, hermana y yo nos quedamos con mi abuela hasta que papá nos mandó a buscar.

En esos meses, sentí alegría porque conocería aquellos lugares extraordinarios de los que hablaba mi tía, pero también me daba miedo porque era algo diferente. El día de partida llegó cargado de emociones. Salimos de mi natal Parral hacia Juárez. Allí tomamos un *bus* para dirigirnos al norte. En la frontera se pierde mucho tiempo porque revisan cada papel y cada maleta. Es una eternidad para un niño. Una vez pasada la frontera, ya entras en suelo extraño. Era impresionante lo que veía. Los edificios y las carreteras eran gigantes. Phoenix está lejos de Juárez y después de tantas horas, solo deseaba llegar.

Nos fuimos a vivir al apartamento de nuestros familiares. Recuerdo que era verano e íbamos a la alberca todos los días pues no teníamos una en México. El clima en Arizona es árido así que nadar nos caía de maravilla. También recuerdo que nos encantaba entrar al apartamento porque afuera estaba muy caliente y adentro había aire acondicionado. Fueron cosas que disfrutamos mucho.

Al mes nos mudamos a nuestro propio apartamento. Ya luego, cuando se acercó la fecha para comenzar la escuela, me pregunté muchas veces cómo iba a ser y a quién iba a conocer. Siempre he sido muy tímido y me daba temor empezar desde cero sin saber inglés.

Para mi sorpresa, fue muy similar en estructura a las escuelas que ya conocía en mi país. El currículo era menos avanzado y el idioma se me hizo muy difícil. Era una escuela deficiente. Los maestros no se preocupaban por enseñar. Con el tiempo hice amigos y uno de ellos me ayudó con el inglés. Al año, a mis hermanos y a mí nos cambiaron de escuela. Ahí aprendí más porque a las maestras sí les importábamos. En Phoenix solo viví dos años. Nos movimos a McKinney, Texas porque en Arizona hay muchas leyes discriminatorias y poco trabajo para los inmigrantes. Además, la situación estaba cada vez más peligrosa con las deportaciones. Todos los días veíamos redadas y arrestos de inmigrantes en las noticias.

Me iba a la escuela preocupado. La visa de turista no es eterna y no te proporciona la oportunidad para trabajar legalmente. Vivía con el miedo constante de saber que la próxima familia deportada podía ser la mía. Trataba de dejar la escuela separada de la vida familiar para que no me afectara, pero siempre tenía la incertidumbre de regresar a mi casa y encontrarme con que mis padres fueron deportados.

Por esa razón, nos cambiamos de estado al terminar el año escolar. A pesar de que el verano tejano es muy caliente, el clima es mejor que en Arizona. Texas es mucho más verde y calmado, a su vez, tienes más libertades de ir a donde quieras, la gente no te ve diferente. En Arizona te dan miradas muy ofensivas, mientras que en Texas son más amigables. A pesar de que el cambio fue positivo, sentí lástima por lo que dejaba atrás.

Comencé de nuevo a preocuparme por hacer amigos; fueron tantos cambios para un niño de nueve años. Al menos, me tocó una clase bilingüe. Perfeccioné mi inglés y no tuve problemas en hacer nuevas amistades. La tranquilidad regresó por un tiempo.

Hoy día, soy lo que las autoridades de inmigración norteamericanas llaman *dreamer,* así se le denomina a un menor que entró a suelo americano antes de los dieciséis años. Estoy amparado legalmente bajo la acción diferida DACA que es un permiso para menores renovable cada dos años. Con este permiso puedo estudiar, trabajar e ir a la universidad, pero no puedo recibir ninguna ayuda federal. La educación superior de Estados Unidos es mucho más cara que la de México así que tengo que trabajar para costearla.

Estoy en mi último año de preparatoria y me aceptaron en la Universidad de Dallas. Me quiero quedar en Texas porque he crecido en este estado y no me siento diferente a alguien nacido aquí. Estoy trabajando para hacer lo mejor que puedo y lograr mi meta de tener una carrera. Es un sueño que otros ya tienen asegurado por ser ciudadano de Estados Unidos.

Tengo amigos, que al igual que yo, están aterrorizados ante el riesgo de que deporten a sus padres. Mis papás están esperando una oportunidad bajo DAPA, que es el amparo para padres que tengan *dreamers* o hijos legales, pero veo muy lejana esta opción con el nuevo gobierno de Trump.

Es muy desalentador saber que el Presidente de Estados Unidos es racista y que no tiene nada de experiencia en la política. Muchos creen que por ser un hombre de negocios puede manejar efectivamente un país. La nación americana es hipócrita y lucha por una igualdad que no es real para todo el mundo.

Donald Trump obtuvo apoyo de los electores racistas que, ante la visión discriminatoria de su campaña política, se sintieron representados y libres para expresar su repudio contra los inmigrantes.

No somos terroristas ni le hacemos daño a nadie, pero Trump aseguró que usaría la milicia para sacarnos. ¿Por qué llegar a este extremo? Somos personas que estamos luchando para tener una mejor calidad de vida. No venimos a cometer crímenes. Es una percepción incorrecta. El muro es otro asunto inhumano y no va a detener la búsqueda del bienestar del pueblo latino. La necesidad obliga a sobrepasar barreras.

Tengo dieciocho años, y si deportan a mis padres, mi vida no sería la misma. Me tendría que hacer cargo de mis hermanos. Aunque se escucha fácil, las repercusiones implicarían trabajar en vez de estudiar. Sería algo muy duro. Yo veo a Estados Unidos como mi hogar. Primero soy mexicano, pero este es mi país. Aquí me crie y aquí está mi escuela, hogar, amigos, trabajo y toda mi vida.

También se me hace injusto que profesionales como mis padres, abandonen su país buscando una mejor vida y lleguen a Estados Unidos a hacer trabajos que no requieren estudios. Muchos no pueden ejercer su profesión aquí. Tampoco es justo que reciban un pago menor al que deberían estar ganando.

Es duro trabajar y esforzarse honradamente para vivir con la angustia durante años de no tener la oportunidad de legalizarse, porque, ni con DAPA, ni con DACA, tienes una vía hacia la residencia. Te obligan a quedarte en la incertidumbre de una posible deportación ya que basta con una firma del presidente para calcinar DACA. Solo nos queda esperar a que mejoren la ley. La otra opción es casarse con una persona ciudadana americana.

Yo no me quiero casar todavía. Mis metas son graduarme de la universidad y encontrar un trabajo bueno. Quiero hacer una familia cuando esté listo y ya tenga una carrera. Para los *dreamers* amparados bajo DACA solo nos queda seguir luchando y renovando nuestro permiso hasta que el presidente cambie de opinión.

Es muy difícil ser soñador porque tu vida en este país se puede terminar de un momento al otro. El presidente ha expresado que quiere prescindir de las acciones ejecutivas que hizo Obama. No ha cancelado DACA todavía, pero con él nada se sabe. Un día dice una cosa y hace otra. En lo personal creo que no le conviene eliminarla. Es pura conveniencia porque los *dreamers* trabajan y pagan impuestos, también pagan su educación. Lo ve como algo bueno para la economía en vez de como algo humanitario.

Pienso que en la sociedad americana hay mucha gente hipócrita. Por ejemplo, en Texas, la gente religiosa quiere aplicar sus doctrinas en unas cosas y en otras no. Quieren meter la religión en problemas sociales como el aborto, pero cuando se trata de los latinos, cuando se trata de destruir y separar familias inmigrantes, se voltean y no les importa aplicar la religión ni abogar por nosotros.

A pesar de las situaciones políticas que nos afectan, hemos tenido una vida muy buena. Nos hemos mantenido unidos y luchando cada día. Es cierto que extraño mi familia de México, pero al menos mi abuelo pudo venir a ver a mi mamá antes de fallecer. Hacía ocho años que no la veía.

Aquí tengo educación, trabajo y más oportunidades. Pienso que el sueño americano sí existe, pero es muy difícil de adquirir. El esfuerzo tiene que ser completo y requiere de compromiso. Yo sí creo que puedo conseguirlo. Quiero tener mi propia casa e hijos, pero sobre todo le quiero dar a ellos la oportunidad de ir a la universidad sin que se preocupen por quién la va a pagar. Yo quiero darles una vida sin una muralla étnica, económica o social. ¿Será esto solo un sueño o algún día será una realidad?

Cuba/Puerto Rico

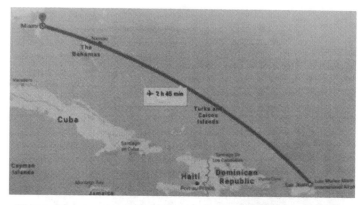

Lissette Anovick es coach certificada en nutrición y entrenadora personal. Actualmente, es mentora de nutrición, escribe un blog de salud bajo el nombre Coach Lissette y junto a su esposo Derek, es dueña de la compañía de entrenamiento canino Bark Busters ubicada en Las Vegas, Nevada.

Nada es imposible

Mis abuelos, al igual que muchos cubanos, abandonaron la Isla por la situación política impulsada por Fulgencio Batista. Buscaron un país donde vivir libremente. Por ese motivo, en vez de llegar al mundo frente al tropical mar Caribe, nací en la ciudad de Hoboken, Nueva Jersey, Estados Unidos en el año 1977.

Mi niñez fue hermosa junto a mis padres quienes me dieron todo. Yo pensé que era rica, pero solo era una niña afortunada criada con mucho amor. A los trece años de edad me mudé a Carolina, Puerto Rico porque era el lugar más cercano a Cuba donde podíamos residir. Mis abuelos siempre quisieron volver a vivir en el Caribe para sentirse en casa.

En la Isla del Encanto asistí a escuelas privadas donde enfrenté el mismo problema de no tener amigas. En Nueva Jersey era la *latin girl* y en Puerto Rico era la gringa. Siempre sentí el rechazo de la discriminación por ser latina o americana.

Al terminar la escuela, me fui a la universidad. Mientras estudiaba, trabajé en la industria del modelaje. Durante mis años universitarios, finalmente conocí a mis verdaderas amigas cuya amistad todavía prevalece.

Al graduarme, comencé a trabajar en el Departamento de Servicio al Cliente de una compañía automotriz en la cual ofrecí muchas sugerencias. Estaba llena de ideas y con ganas de emprender una carrera, pero eso no fue bien visto por las personas profesionalmente inseguras que estaban arriba de mí. Más que como instrumento, me vieron como una amenaza a su trabajo. Enclaustraron mis ideas, más no mis ganas de triunfar.

Al mismo tiempo continué con el modelaje. En ese campo vi más progreso. Me ofrecieron un contrato para ser la modelo oficial de una reconocida marca de lencería brasileña. Mi trabajo siempre fue profesional. La campaña publicitaria incluyó fotos y comerciales televisivos que acapararon inmediatamente los medios de comunicación.

Esto me trajo éxito como modelo, pero disputas en mi trabajo. Me acusaron de manchar la imagen de la compañía. Eso me molestó pues yo trabajaba detrás de un teléfono. Los clientes no veían mi cara, por lo tanto, a menos que fueran adivinos, no podían figurar que fuéramos la misma persona. Además, la campaña fue de buen gusto. No había razón para que denunciaran que existía un conflicto entre ambos trabajos. Terminé renunciando y quedándome únicamente con mi ingreso de modelo. Tan pronto terminó mi contrato me fui de la isla.

Mi nuevo rumbo fue Miami. Pensé que sería una buena ciudad para continuar con el modelaje, pero no me gustó. Algo que nunca me agradó de Puerto Rico fue el *tomorrow mentality*. Siento que eso es muy limitante, no es la forma de alcanzar metas y sentí que Miami era igual. Para mí, Estados Unidos es donde los sueños se hacen realidad, donde todo es posible. Eso no fue lo que observé en Florida por lo que solo duré un mes allí. Decidí irme a Nueva York.

En la última semana antes de abandonar Miami, una amiga me llevó a una discoteca casi en contra de mi voluntad. No me gustaba ese ambiente, sentía que ese no era mi lugar. Recuerdo que ella me dijo que quitara esa cara de amargura porque un gringo me estaba mirando. No me había fijado. Para mi sorpresa, ¡era guapísimo! No tardó en acercarse. Me dijo que parecía que estaba incómoda y me preguntó si quería hablar con él. Le dije que sí y nos sentamos a hablar por tres horas. ¡Hicimos *clic* de inmediato! Nos dimos cuenta que teníamos mucho en común. Él tenía su propia compañía en línea y estaba creciendo. Eso era precisamente lo que yo quería, crecer, desarrollarme. Al día siguiente tuvimos nuestro primer *date* en la playa. Ese día me dijo que vivía en Nueva York. Me emocioné muchísimo y le conté mis planes de mudarme a ese estado para probar suerte. Desde el primer instante supe que era él. Es maravilloso como Dios mueve las piezas del rompecabezas.

Así fue que, en agosto de 2004, con veintisiete años de edad, regresé a vivir al norte de Estados Unidos. Estuve cinco horas en ese avión con el corazón lleno de esperanza y emoción. Una semana antes había conocido al amor de mi vida y sabía que él me esperaba. Estaba segura que iba a tener una vida llena de logros. Esa noche, lo primero que alcancé a ver desde la ventana del avión fueron las emblemáticas luces de *Times Square.* Contemplé un Nueva York tal y como lo soñé, lleno de metas y aspiraciones alcanzables. Sabía que todo era posible.

Aterricé con las maletas llenas de sueños, con muy poco ahorrado y buen crédito. Yo sabía que no tenía suficiente dinero para comenzar una vida en un estado tan caro, pero estaba positiva. Esa noche, mi amiga pasó por mí al aeropuerto y al siguiente día comencé a buscar trabajo.

Conseguí modelar y hacer promociones, pero no ganaba lo suficiente así que trabajé también como *hostess* en un restaurante. Ahí solo me daban dos días de trabajo a la semana. No podía conformarme, yo quería triunfar. Eso me llevó a otros dos trabajos más. Paseaba perros y les enseñaba español a dos estudiantes americanos. Si buscas, encuentras la manera de ganarte el sustento, aunque te cueste.

Nueva York es una ciudad gigante y al principio me extraviaba con facilidad. En ese momento no existía el *GPS* ni el *iPhone* así que mi novio me dio un mapita que cabía en la palma de mi mano y lo guardaba para que nadie supiera que estaba perdida. Tomaba tres *subways* y tenía que conectar unos con otros para llegar a mis múltiples trabajos. No entendía bien cómo identificar los puntos cardinales en los trenes. Cuando tomaba el equivocado tenía que salirme, subir las escaleras que llevan a la calle, cruzar, bajar hacia la estación y volver a tomar otro tren. También tenía que tomar el *bus* para completar el viaje. La travesía podía ser abrumadora.

Llegaba del trabajo a las cuatro de la madrugada y durante el camino llamaba a mi mamá para que estuviera tranquila. A pesar de que se me complicaba llegar a todos lados, me gustaba la ciudad porque había mucha energía en la calle. Allí todo el mundo tiene un propósito y nadie pierde el tiempo. Cuando uno quiere hacer algo, lo hace y punto. No hay excusas.

Después de un año, me mudé con mi novio y nos ayudábamos para pagar la renta. Yo seguía haciendo de todo: modelaba, hacía promociones, paseaba perros, enseñaba español y trabajaba en el restaurante. Todavía no había triunfado, pero seguía creyendo que el sueño americano era posible.

Durante ese tiempo, noté que me estaba enfermando con ciertas comidas y cada día engordaba más. Yo disfrutaba de hacer ejercicios y mantenerme en forma, pero al mudarme a Nueva York mi régimen alimenticio y mi cuerpo cambiaron. Esta ciudad tiene gran variedad de comidas de todas partes del mundo y restaurantes increíbles. Me enamoré de los *bagels* y la pizza. En una semana aumenté diez libras y supe que tenía que hacer algo. Eso me hizo entrenar más en el gimnasio, pero nunca perdí el peso ganado. No me sentía cómoda conmigo misma. Esta situación no solo ponía en juego mi carrera como modelo que ya iba en declive por mi peso, también se estaba convirtiendo en algo nocivo para mi salud.

Fui al doctor con una gran lista de síntomas: aumento de peso, problemas de respiración, dolor de estómago, hinchazón, gases, cansancio extremo, en fin, me recetó una pastilla para el reflujo y me dijo que la tomara el resto de mi vida. No quedé conforme con eso. Yo sabía que no era reflujo. Además, no pensaba vivir atada a medicamentos.

Comencé a hacer más ejercicios que no funcionaban. Aumenté treinta libras y continué subiendo de peso exageradamente e hinchándome. Yo sabía que era algo estomacal, pero no lo podía controlar. Me miraba en el espejo y sabía que esa no era yo. Me sentía enferma. Estaba consciente que tenía que hacer algo porque iba por el camino equivocado.

Después de llevar tres años de relación con mi novio y presa de la depresión, me hizo dos preguntas cruciales. ¿Qué te apasiona y qué quieres hacer con tu vida? Mi carrera de modelo se había acabado. Vine para cumplir mis metas, no para consumirme. Ya era hora de hacer algo. No quería hundirme en la frustración que sentía. Había llegado el momento de triunfar y tenía que enfocarme en mi futuro y punto. Ya no más espera, ahora tenía que tomar acción.

Para esa fecha estaba leyendo mucho sobre comidas saludables y me di cuenta que me gustaban los temas relacionados a la salud. Así me acerqué al campo de la nutrición y decidí certificarme como especialista. Como antes no sabía cuáles comidas eran buenas para mí y no comprendía lo que era el control de las porciones, este nuevo conocimiento me llevó a curar mis malestares.

Finalmente, descubrí que estaba intoxicada porque mi cuerpo ya no procesaba ni la harina ni el trigo. Hice una dieta adecuada que eliminó el problema. Aprendí a comer los alimentos correctos que no afectan mi cuerpo. Esto dejó de ser una simple dieta y se convirtió en mi estilo de vida. En el trayecto, me crucé con el *Crossfit* y terminé certificándome como entrenadora personal. Esta combinación me llevó a unos resultados sorprendentes. Volví a ser una persona llena de energía y saludable. Aunque no fue de inmediato, la hinchazón que me perseguía desapareció y recuperé mi cuerpo. ¡Era yo otra vez! ¡Volví a la vida!

En esta ocasión ya no iba detrás de la carrera de modelaje, sino de ayudar a la gente, que, como yo, habían sufrido un aumento de peso, falta de energía y frustración. Descubrí que esta era mi verdadera pasión y comencé mi propio negocio como *coach*. Establecí mi programa de nutrición en el cual a través de una consulta determino dónde se encuentra la persona en términos de hábitos alimentarios y ejercicio. Identificamos cuáles son sus objetivos y les diseño un plan que se ajuste a su estilo de vida. Me mantengo en contacto con ellos y los motivo, pues sé lo difícil que es el camino a la meta. Yo también lo sufrí.

Me siento feliz y realizada. Pasé de caminar perros por las calles de Nueva York a tener un negocio propio que me apasiona. Hoy día tengo mi página de Internet, escribo un *blog* y comparto la felicidad de las personas cuando cuentan su historia de éxito.

Mi esposo es muy innovador y me ayudó en cada etapa. Durante quince años tuvo su compañía en línea donde creció mucho, pero se cansó de estar detrás de un monitor. Él me ayudó con mi negocio y a descubrir lo que quería. Entonces, llegó su turno de hacer lo que le apasionaba. Siempre hemos amado los perros y casualmente, conoció a los dueños de una compañía de entrenamiento canino. Ellos le ofrecieron abrir una franquicia en Las Vegas, Nevada. Nos fuimos para allá y abrimos el negocio. Nuestra entrega nos ha llevado a ocupar la tercera posición entre las mejores sucursales dentro de la compañía.

Aunque al principio siempre es duro y no sabes con exactitud cuándo verás los frutos, si te motivas a trabajar con disciplina y das todo por tu sueño, lo logras. No puedes dejarte caer. Tienes que tener la certeza en tu corazón de que sí puedes.

Por algunos años, tuvimos que ayudarnos el uno al otro para pagar la renta, tuve que usar el transporte público y necesité de varios trabajos para sobrevivir. Hoy, con todo el sacrificio y el esfuerzo que conlleva tener un negocio, hemos logrado nuestras metas. Viajamos, compramos propiedades y tenemos nuestra casa soñada en Las Vegas.

Hace cuatro años, mi esposo me propuso matrimonio. Nos casamos en Puerto Rico. Después de siete años juntos y de todo lo que trabajamos para llegar a donde estamos, merecíamos nuestra boda de ensueño. Me casé con un traje lila, tal como lo quería, y tocó una orquesta cubana en honor a mis raíces. Nosotros lo pagamos todo de nuestro esfuerzo.

Las personas piensan que nuestra vida es perfecta. Amamos lo que hacemos, pero no ha sido fácil y nadie nos ha dado nada. Hay que trabajar fuerte a diario, acomodarse al horario de los clientes y dar lo mejor de sí para prosperar. Nada fue de la noche a la mañana. Al principio, salíamos a la calle todos los días para buscar clientes. Ahora que los tenemos, trabajamos el doble para satisfacerlos.

Mis días son cortos y rápidos. Cada mañana me voy al gimnasio a hacer *crossfit,* luego me voy con mi esposo a la compañía a hacer tres entrenamientos diarios de tres horas cada uno. Llego a mi casa a hacer de veinte a treinta llamadas de nutrición y a entrenar a los clientes que reciben mis servicios de *personal trainer.* Tengo clientes que nunca he conocido en persona y los he ayudado a través de *Skype.* Mi esposo pasa toda la noche contestando los asuntos de la compañía. Nos acostamos entre las tres y cuatro de la mañana. Nunca paramos. La gente no ve esa parte de nuestras vidas. Solo miran el dinero. Cuando haces las cosas correctamente, el dinero va a venir. Si te enfocas solo en cuánto vas a sacar, las cosas te salen mal, es la realidad.

Sin importar la montaña de compromisos que tengamos, siempre sacamos tiempo para hacer labor social. Colaboramos con un refugio de animales, entrenando a los perritos que han sido maltratados. Ellos necesitan mucha paciencia y amor pues están traumatizados. Luego, tratamos de encontrar una familia que los quiera adoptar. Para nosotros, es preferible entrenarlos sin costo a que los duerman. Nos sentimos bien cada vez que un perrito llega a su nuevo hogar. Eso es un éxito para nosotros, pero con el éxito también llegan las dificultades.

Una de las decisiones más duras que hemos enfrentado es el alejarnos de nuestra propia familia. Durante años, los ayudamos económicamente enviándoles dinero, pagando sus viajes, ropa y estudios sin ni siquiera recibir las gracias. He tenido familiares viviendo en mi casa que se han molestado porque les he pedido que aporten al hogar. Piensan que es nuestra obligación mantenerlos hasta que ellos quieran despegar. Algunos no nos hablan por esta situación. Creen que tenemos un árbol de dinero en el patio. Es injusto que abusen de tu sacrificio.

Hiere sentir esa falta de gratitud. A pesar de que este progreso nos ha traído muchas satisfacciones también nos ha traído estos altercados con ambas familias.

Aun así, somos muy felices y nos sentimos complacidos con nuestros logros. Han sido trece años de arduo trabajo, pero seguimos viviendo nuestro sueño americano, trabajando, mejorando cada día y viajando el mundo. Aquí hay muchas oportunidades, pero ninguna funciona si te sientas a esperar. Tienes que aprovecharlas y esforzarte para llegar a la meta. Si vienes con la mentalidad de que todo es fácil te vas a frustrar. El que siembra puede recoger los frutos. El que no es feliz es porque no ha trabajado para lograrlo. Tú escoges tu propio destino porque las barreras te las autoimpones. Aquellos que te envidian y no están contentos con tus éxitos es porque no saben cómo alcanzar la felicidad por ellos mismos. Creo firmemente que, si te esfuerzas, al final del día verás que nada es imposible.

Colombia

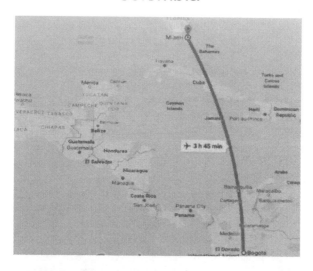

Lina María vive cerca de Dallas, Texas junto a sus dos hijos varones. Su hija cursa estudios universitarios fuera del estado. Lina está estudiando inglés para próximamente comenzar una carrera.

Llamado Divino

Finalmente, es abril de 1989 en Bogotá, Colombia. Son las cinco de la madrugada y el frío acecha sin cordura. Mi madre no durmió ni me dejó dormir durante toda la noche. Me preguntaba si había tomado la decisión correcta.

-Está demasiado lejos, no vas a tener ayuda. ¿Qué va a pasar si te dan la espalda? No tienes dinero y no hablas inglés- me recordaba repetidamente con lágrimas en los ojos.

- No te preocupes. Dios ha preparado todo y no hay pie atrás.

Esa mañana llevaba una maleta que me prestó mi madrina. Me la encargó muchísimo porque había sido un regalo. Era una maleta de tela a cuadros verdes y blancos con un *zipper* dorado. Adentro estaba rota y se podía ver el aserrín. Muy pocos supieron de mi viaje el cual planifiqué en dos días. Para salir de Colombia son muchos los requisitos que debes satisfacer tales como tener propiedades, cuentas bancarias, diploma universitario y en algunos casos como muchos lo llaman, un golpe de suerte, yo lo llamo bendición.

Mi decisión fue repentina. Según mi percepción, Estados Unidos era el último lugar al que viajaría porque los gringos te ven como una persona tercermundista. Opinaba que, si me explotan en mi país, entonces ¿por qué voy a ir allá a que me exploten igual? Siempre pensé que ellos le robaban a Colombia con el petróleo, el café y las riquezas naturales. No estaba de acuerdo con sus políticas, pero no por eso odiaba a su gente.

En mi patria tuve buenas oportunidades. Asistí a colegios privados y estudié francés. Mi plan era estudiar en Europa, pero Dios tenía otros planes para mí. Perdí a mi padre y nos quedamos sin dinero. Encontré trabajo y me aferré a mi madre. Creamos una relación de dependencia emocional luego de la muerte de mi progenitor. Me sentía responsable de ella.

Trabajé como vendedora en un almacén de trajes de sastre italiano. Los clientes eran personas que gustaban de la alta costura y podían pagarla. Con mi salario nos alcanzaba para vivir decentemente y para pagar mis estudios. Completé un año de universidad. No nos sobraba, pero no nos faltaba. Durante ese tiempo, mis sentimientos hacia Estados Unidos no cambiaron y ni siquiera pensaba algún día poner un pie allí.

Nunca dejé de ir a la iglesia. Allí había una joven que se acercaba a mí. Un día me comentó que quería mudarse a Denver, Colorado porque su hermano mayor era profesor allí. Ella veía la oportunidad de encontrar un mejor futuro en ese estado. Valentina era bilingüe y tenía una visa de cinco años. Su familia y ella podían viajar pues cumplían con todos los requisitos que requiere Colombia.

- ¿Por qué no vienes conmigo a Estados Unidos?

-Ese sería el último país al que yo viajaría. Además, a mí no me aprobarían la visa. Yo no tengo cuenta bancaria ni estudios ni mucho menos propiedades.

Su papá habló conmigo y me pidió que orara porque sabía que yo debía ir con ellos. Ese era el tema constante. Sentía ese llamado para mí, pero eso era algo imposible. A mí no me interesaba y tampoco cumplía con ninguno de los requisitos para salir. "Si nos vamos a Estados Unidos, tú la vas a hacer porque eres luchadora", Valentina insistía cada vez que me veía.

Ella era controladora. Es de las que dice es así, y así es. Peor aún, te lo hacía ver de tal forma que si tu autoestima no está donde la debes tener, te manipulaba. Era tan inteligente que te encontraba el lado débil y lo utilizaba para su conveniencia. Vale y su familia me insistieron por dos semanas y por supuesto la respuesta siempre fue no. A tanta insistencia, solicité la visa. No había manera en que me la dieran, pero al menos dejarían de presionar con ese llamado divino.

Le comenté a mi jefe quien me estimaba por ser buena empleada. Él se puso contento porque pensaba que todo sería por mi bien y ofreció ayudarme a conseguir la visa a través de sus conexiones. Respondí que no. Yo no quería irme, pero si me iba, sería derecho. Debía ser porque así Dios lo dispuso y no porque hiciera algo incorrecto. Si no era mi destino viajar, no viajaría.

Llegó el día de la entrevista en la embajada. Mi jefe me dio una carta certificando que trabajaba en su compañía y puso una cantidad mucho más alta de lo que realmente ganaba. Esa era mi única arma para salir del país. Todos iban vestidos profesionalmente y llevaban portafolios elegantes llenos de documentos.

Yo llevaba un traje de dos piezas de color verde menta con tres botones dorados y tacones azul oscuro. Tenía el cabello corto, mi bolsa y una carpeta con una sola hoja de papel. Llegué a las siete de la mañana, pero no me llamaron hasta las doce. El salón era inmenso con sillas y muy atrás, estaban las ventanillas de vidrio blindado, como las de los bancos, con una rueda grande que es el micrófono por donde te hablan. Había mucha seguridad. Allí te revisan todo antes de entrar.

Luego de esperar un rato, pasé a otra sala. Mientras caminaba vi que le negaron la visa a un señor solo porque su propiedad estaba en un área fea. Yo estaba feliz porque si a ese con tantos documentos se la negaron, de mí con un solo papelito y sin propiedades, se iban a reír. La línea de ventanillas era interminable, pero yo seguía avanzando tranquilamente. Me fui a la última con una enorme sonrisa.

- ¿Cómo está? - preguntó un señor mayor.

-Muy bien, gracias.

- ¿Cómo te llamas?

-Lina María.

- ¿A dónde vas y por cuánto tiempo?

-Voy a Miami por una semana porque me han dicho que es bonito.

-Está bien. Eso es todo- dijo estampando un sello de goma en mi solicitud. Me le quedé viendo.

- ¿Eso es todo? ¿No necesita revisar mis papeles? - pregunté extrañada entregándole mi carpeta.

-No es necesario. Te deseo mucha suerte porque estás joven. Fórmate en esa fila- contestó regresándome mi delgada carpetita.

No sabía para qué era la fila. Pensé que ya podía irme en vez de hacer otro turno más. Se me hizo un proceso agotador.

- ¿A dónde vas? preguntó la señora que estaba al frente de mí en la fila.

-A Miami.

- ¿Lo conoces?

-No, no lo conozco.

- ¿Ya has viajado fuera del país? Yo he viajado muchas veces y noté que no te pidieron nada. Yo creo que si lo conoces.

- ¿A Miami o al señor? ¡No conozco a ninguno de los dos!

-Yo creo que sí lo conocías. ¿Sabes que te la aprobaron? Por eso estás aquí.

No intuí lo que había pasado ni para qué estaba en la fila. Era imposible creerle a la señora.

¡Tenía que ser un error! Yo no cumplía con ningún requisito y el caballero ni siquiera leyó mi solitario papel. Miré mi solicitud y era cierto. Me aprobó la visa por un mes. Todo pasó muy rápido desde ese punto. Solo recuerdo que me tomó unos minutos asimilarlo. Aun cuando salí del edificio me cuestioné si era real. ¿Sería cierto el llamado divino?

Afuera me esperaban mi mamá y Valentina. Ambas me habían esperado afuera desde la mañana. Cuando las vi, escondí el pasaporte colocando la mano en mi espalda, pero mamá lo presentía y estaba llorando.

-Te la aprobaron- afirmó mi madre con tristeza.

-No. ¿Por qué estás llorando? No me dieron nada.

-Déjame ver el pasaporte- demandó Valentina.

-No -le dije, pero Vale comenzó a tratar de quitármelo hasta que lo logró.

-¡Nos vamos, nos vamos!- gritaba eufórica.

Su hermano menor le había dicho que tan pronto tuviera noticia de mí le informara. Él estaba esperando la respuesta en la agencia de viaje. Vale llamó a su hermano desde un teléfono público cercano. Mi madre no paraba de llorar. Me suplicó que no me fuera.

-Tranquila, mamá. No tengo dinero para irme.

- ¡Nos vamos en dos días! Mi hermano acaba de comprar los boletos. - ¡Quedé atónita! No podía reembolsar ese dinero. ¡Era martes y nos íbamos el jueves!

- ¡No me voy!

- ¡Te vas! Ya no hay marcha atrás. Los boletos están comprados y tu visa está aprobada. Nos vamos el jueves.

-No tengo dinero para pagar el boleto.

- Lo pagas poco a poco. Solo asegúrate de traer cien dólares para que compres tu pasaje de Miami a Denver.

Esos dos días fueron una locura. Tuve que vender mi joyería para comprar el boleto a Denver. No tenía maleta así quo me vi en la obligación de pedirla prestada y renuncié a mi trabajo. Mi jefe estaba feliz porque según él, yo iba a estar donde debía estar. Nunca me hizo sontido ir a otro país y dejarlo todo para lograr un sueño. ¿Por qué tienes que abandonar tu patria? ¿Por qué no tratas en tu país? Pero al mismo tiempo, es cierto que Estados Unidos ofrece beneficios como el *Medicaid,* te ayudan con la renta y hay estampillas para comida. En nuestro país no existe eso.

Sin ninguna razón, había llegado a mis manos la oportunidad de irme. Renuente a marcharme, esa familia sintió el llamado. Esa visa era imposible, pero allí estaba. No tenía dinero para viajar, pero el boleto estaba pago. No tenía los cien dólares para llegar a Denver y los conseguí. El destino era claro. Yo debía darme la oportunidad de ir a los Estados Unidos de América a cumplir con ese llamado divino.

Ese jueves, me fui al aeropuerto con mamá y allí me despedí de ella. Sentí que un pedazo de alma se me desprendió al dejarla. Estábamos muy apegadas y no sabía cuándo la volvería a ver. Durante el tiempo de espera, Valentina me contó cuál era su plan. Ella estudiaría seis meses mientras yo trabajaba seis meses. Luego yo estudiaría inglés seis meses mientras ella trabajaba seis meses. Así las dos podríamos estudiar. Acepté.

Para abordar, caminamos por la pista hasta llegar a unas escaleras que conectaban con el avión. Valentina y su familia iban muy deprisa. Su hermano me dijo unas palabras que me preocuparon. "A partir de este momento estás sola", aceleró el paso dejándome atrás desconcertada. Había mucha gente y los perdí de vista. Tuve que esperar para entrar al avión. Cuando abordé, ellos estaban sentados en primera clase, pero todos los asientos alrededor estaban ocupados. A mí me tocó al final, justo antes del baño.

Al tomar asiento, un sudor frío se apoderó de mí, pero no podía hacer nada. Ya estaba en el avión y no entendía ese cambio repentino. Si los boletos se compraron juntos, ¿por qué era yo la única atrás? ¿Qué quiso decir su hermano con esas palabras? Fueron las tres horas, treinta minutos más largos de mi vida. No estaba segura si preguntarles ni cómo responderían.

Cuando llegamos, ellos se bajaron primero sin esperarme. Yo trataba de alcanzarlos. Caminaba como patito detrás de la pata. Llegamos a los puestos de entrevistas, pero yo estaba muy atrás. Luchaba para no perderlos. El tumulto de gente me abrumaba. No tuve problemas con la oficial quien me atendió en español y me dejó proceder.

Corrí hasta la parada de revisión de equipaje. Mientras esperaba mi maleta, trataba de encontrar a Valentina. Yo me volteaba de un lado a otro. Al parecer, me vi sospechosa. En ese momento, vi a Vale y a su familia salir con sus maletas. Yo todavía estaba en la fila. No quería que me dejaran sola. No hicieron ni el menor intento por hallarme. De repente, un policía fornido que medía como seis pies de estatura se puso frente a mí. Me habló en inglés, pero no supe qué dijo. Le repetía que era colombiana y que hablaba español. Se fue y en un segundo llegó con cuatro hombres que me rodearon en un círculo. Yo quedé en medio de todos ellos. Fue aterrador. Me hacían preguntas, yo respondía en español que no entendía. Escuché una voz masculina en mi idioma. Era un joven que vio lo que pasó y me sirvió de intérprete. Me dijo que me estaban cuestionando por qué estaba ahí y con quién. Según ellos, detuvieron a una muchacha que afirmó que venía conmigo. Valentina y su familia ya se habían marchado. ¿Quién más podía ser?

Todo mi cuerpo temblaba. Nuevamente, ese sudor frío invadía cada poro. Temía que me arrestaran y no paraba de titubear por los nervios. Duré una hora en preguntas. Insistieron en que yo me estaba haciendo la desentendida porque aquella muchacha me conocía. Yo lo seguía negando.

Abrieron mi maleta y cayó todo el aserrín al suelo. Revisaron mi ropa y casi me rompen los zapatos por asegurarse que no tuvieran drogas adentro. ¡Hasta esculcaron mi ropa interior! Luego, me acusaron de tener un pasaporte falso. Dios me iluminó y me enderecé con una gran energía que corrió por todo mi cuerpo. Les contesté con fuerza que este era un país desarrollado y ellos tenían los medios para determinar si un pasaporte era falso. Les exigí que me lo probaran.

Me preguntaron si los estaba retando. Le respondí que no, pero si estaban tan seguros que entonces me regresaran. Cuando escuché al intérprete decir "te damos tres minutos para que recojas tus cosas o en el siguiente vuelo te mandamos de vuelta", sentí que me desmayaba. El joven me puso todo en la maleta. Me aseguró que tenía mucha suerte porque a su novia la dejaron desnuda en un cuarto por cuatro días haciéndole exámenes rectales y vaginales para probar que no era mula. ¡Qué horror!

Ya estaba extenuada. El sentimiento de dejar a mi madre, la incertidumbre de no saber lo que pasaría conmigo, la actitud de Valentina y este mal rato, era mucho para un solo día. Tomé unos minutos para recuperarme. "Una vez cruces esa puerta, nadie te puede poner un dedo encima porque ya legalmente estás en tierra americana", me dijo el joven mientras me reponía. Le agradecí por su ayuda. No sé qué hubiera pasado sin él. Tenía muchos deseos de tirarme al piso a llorar y volví a temblar. No lograba calmarme. No sabía hacia dónde iba a ir cuando saliera por esa puerta. Crucé.

¡Me estaban esperando! Sentí un alivio que no duró ni un segundo. Estaban enojados y ahí comenzó mi martirio. Valentina me gritó frente a todos que era una inconsciente y que me había tardado demasiado. Su familia no hizo nada. En ese momento no sabía si era mejor seguir sola o regresarme. Bloqueé el recuerdo de ese instante por años. Fue muy duro tragarme los regaños injustos que estaba recibiendo. No tenía fuerzas para defenderme.

Luego del regaño, compramos el boleto para Denver. Solo me quedó un centavo en el bolsillo. Pienso que nosotros mismos somos los dueños de nuestro futuro y lo cambiamos para bien o para mal. Tal vez por temor a equivocarnos salimos más equivocados. Supe que las cosas no estaban bien cuando me dijeron que venía sola, pero como era imposible que me dieran la visa y me la dieron, pensé que Dios había puesto este viaje en mi camino. Entonces, asumí que era mi destino irme y me fui a Denver con ellos.

Más tarde me enteró de que la agencia de viajes le pedía que fueran cinco pasajeros para darle los boletos. Ellos eran cuatro. Necesitaban uno más. Yo fui la clave para su salida. Les urgía conseguir esa persona pues al momento de marcharnos tenían que salir en menos de una semana o perdían la visa. Ese era el llamado divino o más bien el llamado de la conveniencia que sentían.

Llegamos a Denver, Colorado con el hermano mayor. Él vivía con su novia americana. Ellos tenían una relación rara, de esas que una noche se queda y otra noche salgo con una y con otra. Luego me enteré de que era su esposa. Se había casado por los papeles. Ambos estaban allí esperándonos. Los besos y los abrazos llegaron sin demora. Nadie me presentó. El profesor dijo que los iba a llevar a comer mientras yo estaba parada atrás de todos inmóvil como estatua.

-Valentina, ¿dónde quedo yo? ¿Él no sabe que vengo con ustedes?

- Horita vemos cómo le hacemos- Agarró el brazo de su hermano menor y le dijo que se acordara de mí.

- *Hey*, te quería decir que en el viaje venía ella, la amiga de Vale- le dijo el menor al mayor.

- ¿En dónde se va a quedar?

- Va a vivir con nosotros en tu casa.

No olvido la expresión de su cara ni la manera en que me fusiló con su mirada. La sorpresa no había sido grata. Mi angustia a esa hora de la noche era abrumadora. Nada había salido bien y no sabía que iba a pasar conmigo. ¡Estaba a punto de desmoronarme!

- ¿En mi casa? ¡Ustedes no me dijeron nada! ¡No se puede quedar!

-Luego hablamos de eso, hijo. Vámonos a cambiar de ropa y a comer. Ya nos acomodaremos - dijo el padre.

El hijo frunció el entrecejo y volvió a clavar su mirada directa en mis ojos. Con tono hostil aceptó.

Sabía que esto traería problemas. Si hubiera tenido el dinero para pagar una noche de hotel, lo hubiera hecho, pero no tenía ni para comer. Tuve que irme con ellos a su apartamento que era diminuto, solo tenía una habitación. No había ni para donde moverse. El baño estaba infestado de cucarachas, casi me da un infarto de tanta suciedad. Yo quería soltar mis lágrimas, pero me obligaba a mí misma a no hacerlo. Ya me dolía la garganta de tanto aguantar el llanto.

Me puse tacones, pues era la mentalidad de mi país. Cuando vas a comer, te vistes bien pero aquí todos salen a la calle en camiseta y chancletas. Yo no lo sabía. "¿Pero y esta para dónde va vestida así?", empezó la crítica del primogénito, quién no dejó de mofarse de mí en toda la noche.

En la mesa nos esperaban unas amistades del profesor. Él presentó a su papá, a su mamá, a su hermana y a su hermano. Esta no existe. Me sentí como una mosca en un vaso de leche. Yo era la que sobraba. Las burlas llegaron con gran rapidez. "Que, si mira poniéndose la servilleta en la falda, mira cómo se sienta, mira cómo se viste..." No paró de molestarme en toda la noche. Nadie hizo nada para detenerlo. Yo seguía pasándola pésimo.

Con los días empezamos a ir a la iglesia. Allí Valentina conoció a su esposo. En menos de cuatro meses se casó por papeles. La familia no supo de su boda fugaz. Querían que se casara con un americano. A este muchacho no lo querían porque era chicano y tenía la piel oscura. Para ellos era un desprestigio casarse con alguien de ese color.

Además, era feo y sin estudios. ¡Siempre el orgullo y la prepotencia!

Con el tiempo, conseguí trabajo limpiando casas y nos mudamos a un apartamento. Pensé que todos los problemas quedarían resueltos estando lejos del hermano, pero fallé. Valentina acentuó más su cambio de personalidad conmigo. Ya no era la misma persona. El supuesto amigo se mudó con nosotras con la excusa de ayudarnos con la renta. Yo trabajaba, ella estudiaba y el marido nos llevaba y nos traía. Esa era la función de cada uno. Vale administraba mi cheque en su totalidad. Nunca vi un centavo. ¡Fui tan mensa!

Recuerdo que en una Navidad, consiguió que limpiara la casa de unos ricos que iban a tener un banquete esa noche. Me llevó a las ocho de la mañana. Me maté limpiando esa casa yo sola. Cuando terminé a las cuatro de la tarde, la llamé para que viniera por mí, pero nunca contestó. Llegó el servicio de comida, los empleados de la fiesta, los invitados y yo todavía allí, sucia de haber limpiado todo el día. El señor de la casa me había preguntado muchas veces cuando me iba. Yo no sabía mucho inglés y solo alcanzaba a decirle que estaba esperando. El americano se enojó tanto que a las nueve de la noche me llevó a una parada de autobús y allí me dejó. Nunca había usado el transporte público. No tenía idea de cuál autobús tomar. Hacía mucho frío, estaba oscuro y la parada se empezaba a llenar de gente con mal aspecto. Solo le pedía a Dios que me protegiera.

Pregunté como pude y tomé el *bus* que pensé era el correcto. Iba sollozando en el camino. Ya llevaba dos años viviendo esta tortura. No había venido para pasar por esto. Ella me dijo que iba a trabajar seis meses y luego estudiaría, pero no fue así. Valentina terminó de estudiar y yo seguí trabajando como esclava sin siquiera poder enviar dinero a mi mamá.

Interrumpí mis pensamientos porque desde la ventana distinguí los apartamentos donde vivía. Me levanté corriendo y le dije al chofer que se parara. Él no hablaba español y no me entendía. Tampoco se detenía. Estaba desesperada, si los perdía de vista no iba a poder llegar. El chofer me mandaba a sentar, pero yo le insistía. Entre tanta gritería, enojado, abrió las puertas y me tiré. No sé ni como caí al pavimento frío, pero me levanté y me eché el maratón.

No parecían estar lejos desde la ventana, pero al momento de caminar a la orilla de las grandes avenidas americanas, la situación cambia. Te das cuentas que estás muy lejos. Lo que toma cinco minutos en carro, pueden ser horas caminando. Corría como si me fueran persiguiendo. Tenía miedo de que algún policía me viera y me detuviera. Si me atrapaban, me deportaban pues mi visa expiró al mes de haber llegado. De nada valdría mi sacrificio.

Llegué con la boca seca, la respiración entrecortada y con los pies latiendo de tanta carrera. Al entrar al apartamento me encontré con una fiesta. Todo era música, baile, bebidas y alegría. Yo vivía ahí, yo mantenía ese apartamento y no sabía que había una fiesta esa noche. Todos estaban bien vestidos. Mi cara lo dijo todo. Estaba perpleja. Yo era la única fuera de lugar. Por supuesto, allí apareció Vale a gritarme frente a todos.

- ¡Eres una inconsciente! ¿Quién te piensas que eres, Lina? Yo estaba preocupada por ti. Nunca me llamaste.

- ¡Pero tampoco fuiste por mí! -le contesté apretando los dientes de la rabia que tenía.

-Tú me ibas a llamar y nunca me llamaste. ¡Me tenías preocupada!

La dejé con la palabra en la boca y crucé por el medio de la fiesta hasta llegar a mi cuarto. Era humillante lo que me hacía como para también querer quedar bien en frente de todos. Me encerré con un portazo.

- ¡Lina, te vistes y sales porque están todos aquí!

- ¡No voy a salir!

- ¡Te sales del cuarto ya! ¡Y no te quiero llorando!

A la media noche me metí a bañar. Estuve llora y llora en la tina. No podía controlar mis lágrimas. No quería salir a la fiesta a la que no fui invitada y menos después de esa vergüenza. Desde la puerta del baño, Vale me dijo que se había quedado dormida y nunca escuchó el teléfono. Como no respondí a su mentira barata se enojó aún más. "¡Que te salgas ya!", me gritó.

Ella pasó de ser una conocida a una amiga y de una amiga a un verdugo. Le aguanté muchas humillaciones y malos tratos. Esa fría noche de diciembre muchos recuerdos invadieron mi memoria. Ella estudió y yo no. Seis meses ella, seis meses yo, y nunca pasó así. ¡Me había lanzado a la calle en plena noche para no perder los apartamentos! ¡Me pude haber matado! ¿Qué más iba a aguantar? "Tú no estudias hasta que yo consiga un buen trabajo" y "sírvele a mi marido", eran las palabras que retumbaban en mi cabeza. Cuando hablaba con mi familia, le decía que estaba todo bien, pero en el fondo sabía que no era cierto. Esa noche empecé a ver la realidad. Si no me legalizaba y aprendía inglés seguiría oprimida.

Días más tarde, había una actividad navideña en la iglesia. La gente se daba cuenta que ella me explotaba. Me ofrecían irme a vivir con ellos, pero Valentina era lo único que yo tenía. Era miedo a explorar, temor de abrir los ojos y verme deportada. No era la amiga que pensé. Ella no dudaba en sacarme en cara que llegué aquí por ella, que pagaron mi boleto de avión, que yo era ilegal, que me podían arrestar, que no tenía estudios, que no hablaba inglés, que estaba sola... siempre me lo recordaba y yo volvía a ceder.

Valentina quiso que yo fuera a la iglesia para esa actividad pues no podía llegar sola con el "amigo". Lo que ella decía se hacía, te guste o no te guste. No queda de otra. Yo estaba depresiva y despertando del abuso. Al llegar a la fiesta, ella se fue por su lado y yo por el mío. Necesitaba estar sola, pero me topé con la mamá de una amiga. Ella me quería como una hija y se dio cuenta que yo estaba a punto de llorar.

Sentía que se me salía el corazón por la boca. No le quise decir nada. Me dijo que si tenía problemas con Valentina, me podía ir con ella. Le dije que no. Yo tenía miedo de que Vale me deportara. Así se sienten los que son explotados. Ya ni siquiera me conocía a mí misma. Cuando te explotan pierdes tu identidad y así estaba yo, sin identidad y asustada. Fue una cadena de dependencia, como una droga que no podía dejar.

Esta señora y su familia salían de viaje al siguiente día y me invitó. Ellos se encargarían de los gastos. Me negué, pero ella insistió y dijo que pasaban por mí. Al llegar a la casa esa noche, le dije a Vale que me iba de fin de semana.

- ¡Tú no te puedes ir, tienes que trabajar! Además, ¿con qué dinero te vas?

-Ellos lo van a pagar todo.

- ¡Tienes que trabajar!

-Vienen por mí mañana.

- ¡No lo voy a permitir!

Recordaba las palabras de la señora. Me decía que le demostrara que yo no dependía de ella y que pasara lo que tenía que pasar. Ya estaba al borde de sacar las uñas. Su marido también se creía con derecho de abusar. Me sacaba en cara que él me llevaba y me traía, ya al final yo le contestaba que era yo la que pagaba la gasolina. Me replicaba diciendo que se lo iba a decir a Vale y lo hacía. Ella me reclamaba porque ellos habían sido muy buenos conmigo y yo ni siquiera podía tratarlos como se merecían. Él siempre estaba echado en el sofá sin buscar trabajo. Solo estaba allí para ser servido.

-Me voy mañana.

- ¿Quién te crees que eres?

-No me creo nadie y me voy porque es mi dinero y si tu marido está aquí todos los días, él va a empezar a pagar también- y me fui a empacar mis maletas.

Sigilosa como serpiente, fue hasta mi habitación, pero esta vez me habló con su voz manipuladora. "Si algo te pasa tan lejos, no tienes a nadie...", siempre me lo recordaba. No dormí esa noche y en la mañana me alisté de prisa para evitarla. En el camino no pude más y me desahogué con mi amiga. De regreso a Denver, me pidieron que me fuera a vivir con ellos. Ya me sentía segura porque sabía que tenía un apoyo. En ese momento vi la luz en la oscuridad. Sabía que podía salir de eso. Ese fin de semana afuera había marcado una diferencia. Cuando llegué, no estaban en el apartamento. Me di cuenta que se había puesto mi ropa y sucia me la había colgado. También leyó mi diario y revolcó mis cosas.

Cuando llegaron hablé con Valentina. A pesar de que ella fue injusta conmigo, yo quería hacer las cosas bien. Claramente, no aceptó que su mina de oro se fuera y su esposo se metió. ¡Fue una discusión estruendosa! Yo necesitaba irme y rehacer mi vida, pero eso era algo que ella no estaba dispuesta a permitir. Al siguiente día, cuando regresé de trabajar, noté que faltaban cosas en el apartamento. Ella decía que lo había comprado todo, ¡pero lo había hecho con mi dinero!

Para cancelar el contrato del apartamento había que pagar una multa de seiscientos dólares y por supuesto, se negó a pagarla. En un abrir y cerrar de ojos, desapareció con todo lo que quedaba, incluso con el dinero de la cuenta, y me dejó a mí la multa. Yo solo pude llevarme mi cama y mi ropa. Me mudé con mi amiga a su casa. El apoyo de la iglesia, de mi amiga y su familia me mantuvo en pie.

Seguí limpiando casas y comencé a cuidar niños. Estaba muy deprimida con mi situación. No entendía cuál era el propósito de Dios. Esta no era la vida que esperaba, pero trabajé lo más que pude para salir adelante. Un año más tarde pude rentar mi propio apartamento y comprar un carro. Empezaba todo a mejorar económicamente pero emocionalmente seguía frágil y perdiendo peso. Mi depresión empeoraba. Era algo que me consumía física y emocionalmente. Pensaba mucho en cómo sería mi vida si me hubiera quedado en Colombia. Empecé a retroceder, veía mi vida pasar.

Tiempo después, conocí a mi esposo en la iglesia. Durante nuestro noviazgo de un año no conocí mucho a su familia. Él vivía con su mamá y su hermano. No le caí bien a su madre, pero aun así nos casamos. Resultó ser muy celoso. Al casarnos no me dejó estudiar ni trabajar por lo que perdí mi carro. No me gustaba vivir en su departamento, sentía que en vez de ir para arriba, iba para abajo.

Me embaracé de mi primer hijo. Su mamá me humilló, me despreció por ser hispana y constantemente me decía que era poca cosa para su hijo. Ni siquiera embarazada paró de decirme cosas. Ella también es hispana pero como desciende de europeos se cree superior. Mi cuñado me decía que no me dejara, pero era la madre de mi esposo, ¿qué podía hacer? Al cabo de un tiempo mi esposo perdió su trabajo y cuando mi bebé cumplió tres meses nos echaron por no pagar la renta. Estuvimos inestables por un año y quedé embarazada otra vez. Me desesperaba la situación. Terminamos en un hotel de mala muerte.

Tuve la niña sin tener ni un pañal. En la iglesia desconocían la situación porque poco a poco, él me aisló de todos. Cuando consiguió trabajo, la situación llegó a tal punto que le exigí que rentara un apartamento para nosotros o nos divorciábamos. Cuando pudimos, nos fuimos. Quise estudiar y legalizarme pues él es ciudadano, pero se rehusó a ambas cosas. Salí de Valentina para caer con otro verdugo.

Mi esposo no deseaba tener más hijos porque quería comprar una casa. Yo tampoco quería debido a lo que estaba viviendo, pero llegó. La relación venía mal y él se enojó porque yo no pensé en sus planes. En la casa solo había pleitos, tenía sus historias aquí y allá. Llegaba tarde, salía con una y con otra. Bajo ese estrés nació mi bebé y a los siete meses de nacido me enteré que mi esposo había tenido una niña con otra mujer. Eso es lo peor que te puede pasar. No sabía qué hacer, me estaba volviendo loca, no tenía familia, papeles, me aisló de mis amigas, no tenía teléfono, carro, ni sabía inglés. Me sentía como un perrito amarrado a un poste con una cadena, podía correr, pero no soltarme. Sabía que no podía seguir así. Todo estaba peor.

De repente, empezó a salir con una mujer más joven que yo y que la amante que tenía. Llevaba casada con él catorce años y me sentía igual de humillada que en mis primeros años en este país. Con miedo, sin identidad. No podía tener un trabajo estable siendo ilegal, sin saber inglés y cuidando a mis tres hijos. Solo pensaba en qué pasaría si me deportaban. Mis hijos quedarían a la deriva con un padre que vive ocupado saliendo con amantes o con una abuela que nunca se había ocupado de ellos.

Para colmo, no teníamos para comida ni para las cosas básicas. Todo el dinero se iba con la otra. Aun sabiendo que nos tenía mal, un día me dijo que se iba de viaje por una semana. Le dije que no había dinero para comida ni renta por lo tanto no podía irse. No me hizo caso y dijo que como quiera se iba. Le aseguré que si se atrevía hacerlo yo no iba estar cuando regresara. Me recordó que yo era ilegal y se fue de vacaciones con ella. Siempre usaban el mismo puñal.

En esa semana tuve tanto coraje, tanta impotencia, pero no estaba dispuesta a seguir así. Busqué a mi amiga de la iglesia hasta dar con ella. Le expliqué la situación y me consiguió cabida en un refugio para mujeres maltratadas. Hice las maletas y me fui. Mi hija fue la que más sufrió. Lloraba porque esa era su casa y allí estaban sus juguetes. No quería irse y a gritos me la llevé. Fue desgarrador verla llorar con tanto sentimiento. Solo tenía seis años y estaba ajena a lo que pasaba.

Llegué con una maleta y un juguete para cada niño; es lo único que permiten. Nadie hablaba español. Conté mi experiencia como pude. Me informaron que solo podía quedarme una semana y tenía que buscar empleo. Estaba preocupada porque no podía trabajar legalmente. Tenía muy grabada en mi mente la palabra deportación y la imagen de mis hijos desamparados.

La ubicación de los refugios es secreta. No sé cómo supo dónde estaba, pero me localizó. Llamó por teléfono y amenazó con ir allá si yo no regresaba. Me dijeron que él no podía saber dónde estaba ni venir. Por lo tanto, tuve que dejar el albergue inmediatamente. No me sobraban opciones y tampoco quería afectar a mi amiga con mis problemas. Me vi forzada a regresar para evitar que me quitara a los niños. Fue lo más horrible. Si antes había sido un infierno ahora eran tres infiernos más.

Al poco tiempo, ya no estaba casi en la casa. ¿Para qué me hizo pasar por las calderas del infierno si al rato ni caso me iba hacer? Estaba con la amante todo el tiempo. Me sentía desesperada y de manos atadas. Estaba sola con mis niños y no sabía qué hacer. Hasta que un día encontré unos papeles. Él le había rentado y amueblado un apartamento a la otra mientras nosotros batallábamos para comer. Tenía tanta rabia que fui a una tienda, saqué cartones de la basura y compré *tape*. Guardé todas sus cosas en cajas y las puse en frente de la puerta. Tan pronto llegó, lo corrí. Me dijo que esa era su casa y amenazó con no pagar el apartamento si se iba. Igual lo saqué.

Cuando se fue, no sabía por dónde empezar, qué hacer ni cómo salir adelante. Nuevamente, recurrí a la iglesia. Hablé con los líderes y una abogada me ayudó con los papeles. Cuidé niños y limpié casas hasta que por fin obtuve mis documentos. Fue un gran alivio que tomó tiempo. Muchos no saben lo duro que es vivir en la sombra por ser ilegal. Uno accede a muchas injusticias por miedo. Así viví por más de catorce años. El legalizarme me dio la oportunidad de no someterme nunca más a nadie y vivir libre en este país.

Lo primero que hice fue conseguir trabajo en una escuela primaria. Con el tiempo compré un carro y tiré a la basura lo poquito que tuve con él. Empecé a comprar lo que tengo ahora. En estos años tuve complicaciones de salud y múltiples cirugías. La depresión te acaba mental, emocional y físicamente. Llevo trece años divorciada y he dado absolutamente todo para echar a mis hijos adelante. He hecho todos los sacrificios posibles para criarlos y tenerlos bien. A pesar de que estaba sola, Dios me permitió conservar a mi amiga cerca, y la iglesia siempre ha sido un gran apoyo.

Hoy, mis hijos tienen veintidós, veinte y dieciocho años. No me siento campeona. Solo estoy consciente que me tocó luchar y pasar pruebas muy duras. No me he vuelto a casar ni tengo intenciones de hacerlo. He vivido por y para mis hijos. Ahora que están grandes es mi hora de cumplir otras metas. Gracias a Dios ya hice un año de universidad. Las clases son difíciles, pero ahí voy.

Dios me ha dado mucho a pesar de las adversidades. Sé que no estoy sola mientras tenga fe en Él. Si sigues los principios y los valores, sales adelante. Él es mi roca y sé que con Él todo estará bien. Todavía no he encontrado el propósito de mi vida ni por qué llegué a Estados Unidos. Aunque el llamado fue una excusa, sigo pensando que esa visa era imposible. Si ocurrió tuvo que ser por alguna razón. Sé que Dios tiene un plan para cada uno de nosotros y hasta que lo descubra yo seguiré esperando por ese llamado divino que me trajo a esta tierra prometida.

Puerto Rico

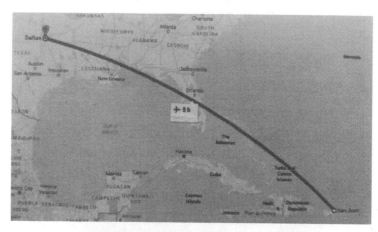

El Pastor Richard Martínez fundó el ministerio CAFÉ (Comunidad de Amor, Fe y Esperanza) en Arlington, Texas hace quince años. Está casado con María Martínez y es autor del libro titulado Caos.

el lugar no es la respuesta

A los quince años empecé a vender sustancias ilícitas a pequeña escala. Me gradué de la escuela consumiéndolas y vendiéndolas en secreto. Entré a la universidad y seguí haciendo fechorías a espaldas de mis padres. Me gustó el alcohol y me convertí en un mujeriego. Mi vida era una montaña rusa de emociones y desenfreno sexual. A los dieciocho años quise salir del mundo del narcotráfico porque deseaba alejarme de las adicciones.

Si quieren saber un poco de mí, me crie en Carolina, Puerto Rico en un hogar no cristiano. Estudié en un colegio privado, viví en casa propia y nunca carecí de nada material. A cambio, mis padres trabajaron todo el tiempo y por falta de atención, me expuse al mundo de las drogas. A los trece años probé la cocaína, pero continué asistiendo al colegio, y en la casa seguí siendo el niño modelo.

En la universidad, conocí a María. Ella era una buena muchacha a quién abandoné porque me metí con una mujer mucho mayor. Yo insistía en dejar los vicios, pero era muy difícil. Vivía resbalando en el mismo bache. Frente a todos, llevaba una vida normal, pero a escondidas, tenía una vida descontrolada. Pensé que trabajar decentemente era la solución así que conseguí empleo en una línea aérea. En el trabajo tampoco sospechaban de mis batallas. Aprendí a guardar bien las apariencias.

Un año después de dejar a María decidí cortar por completo con el caos que vivía. Me di cuenta que de nada servía luchar mientras continuara con las mismas influencias. Mi cambio tenía que ser permanente. La busqué para casarme con ella y le propuse que nos fuéramos a Estados Unidos. Allá estaría a salvo del mal ambiente. A ella le encantó la idea porque también quería que yo saliera de ese mundo y estuvo de acuerdo en que era la única manera de dejarlo.

Tal vez mi historia te decepcione porque yo no soy el típico inmigrante que llega directo a enfrentar problemas de estatus legal, hambre y racismo. Al contrario, yo llegué con ciudadanía y trabajo. Lo que me impulsó a venir fue la intención de solucionar mi problema de drogas. La gente habla mucho sobre la calidad de vida y la seguridad de Estados Unidos, por eso, nos hacía sentido la idea de mudarnos.

Solicité un cambio de aeropuerto y así fue cómo llegué a Texas en 1989. A mis diecinueve años aterricé con el tropezón de encontrar un ambiente exactamente igual del que venía huyendo. Era el mismo narcotráfico con la diferencia que aquí la situación es más disimulada.

Me di cuenta que la realidad era muy distinta a la imagen. Aquí también hay robos, drogas, crímenes y libertinaje. Estados Unidos no hizo la diferencia que esperaba. En otras palabras, no resolvió mis problemas.

A María y a mí nos encantaba bailar y pasábamos las noches de club en club. Como ves, el cambio de lugar no hizo diferencia. En plena parranda me contactó una mujer con la que había tenido una relación en Puerto Rico. Me dijo que tenía un hijo mío. Yo nunca tuve conocimiento de ese embarazo. Mi esposa lo aceptó porque estaba consciente que yo no lo sabía.

Hice los trámites legales para reconocerlo y hacerme responsable de él. Mi trabajo me facilitaba viajar a Puerto Rico una vez al mes para verlo. Aunque no planifiqué tener un hijo, ni pasé por la experiencia de acompañar a la madre durante el embarazo, lo amé desde el primer momento.

Un año más tarde me notificaron que esta mujer maltrataba a mi bebé. Traté las vías legales para ayudarlo y resultó en una gran burocracia. Fue un martirio imaginar lo que mi hijo sufría. Cuando la justicia no hace nada te arrincona a tomar decisiones extremas. Como el caso no avanzó, le pedí a la madre que me dejara traerme el niño por unos días, pero no lo devolví. Me acusó de secuestro y el FBI me arrestó. Yo solo quería rescatar a mi hijo. Investigaron, como era de esperarse, pero salí libre de cargos. En ese momento estaba desesperado y aunque no era cristiano recurrí a Dios. Le prometí que si Él me ayudaba a salvar a mi hijo no volvería a usar drogas.

No es fácil que un padre le quite la custodia de un hijo a la madre. Mayormente, se inclinan a que el niño permanezca con ella. No tenía mucho a mi favor, pero le entregué mi promesa a Dios. Milagrosamente, me quedé con mi hijo de tan solo dieciocho meses de nacido y cumplí con renunciar a la cocaína. Sin embargo, no desistí al adulterio ni al alcohol, y abandoné a mi esposa e hijos en 1998. Para esa fecha ya tenía un bebé con María.

Era muy difícil cortar todas esas adicciones que eran parte de mi vida cotidiana desde hacía tantos años. En el mes de agosto ya estaba fastidiado de recaer una y otra vez. Escuché que, en Houston, Texas se estaba celebrando un evento cristiano llamado *Promise Keepers*. Esto es una organización cristiana sin fines de lucro dedicada a presentar a Jesús como salvador. Ese jueves le dije a María que iba para el evento y que si nada cambiaba después del fin de semana quería el divorcio. En ese momento yo estaba decidido a dejarla por completo para quedarme con mi amante. Esta era la última oportunidad para mi reivindicación.

Luego de manejar cuatro horas y media entré al estadio. El predicador estaba hablando de los hombres que se creen muy hombres porque tienen dos mujeres. Lo tomé personal. ¡Pensé que me estaba llamando cobarde y le comencé a gritar Fuck you, you don't know me! Forcejeé con seguridad, pero el hombre de la tarima pidió que no me tocaran porque Dios estaba trabajando en mi corazón. Después de un rato, yo ya estaba agotado de tanto gritar. El predicador dijo: "Te llamo cobarde porque es más fácil correr de tus responsabilidades en el matrimonio que restaurarlo". Cuando salí de allí, me arrastré en la borrachera.

Al día siguiente, el 20 de agosto de 1998, regresé al evento. En la última predicación estaban hablando del amor de Cristo y de cómo cambiar nuestras vidas. Ese mensaje tocó mi corazón. Me di cuenta que yo quería hacerlo pero no tomaba la decisión. Ahí comprendí porqué el cambio de país no resolvió mis problemas.

Hicieron un llamado para que todos los que necesitaban oración fueran con alguien del personal. Yo estaba sentado en el último asiento de arriba y desde allá, muy a lo alto, distinguí a un señor de cabello blanco y barrigudo. Me dije "quiero ir con él". ¡Lo vi tan difícil! Yo estaba muy lejos y había tanta gente levantándose que sabía que cuando llegara ya alguien me lo habría ganado. Me dije "esta es mi última oportunidad. Si no puedo, me voy". Corrí por las escaleras como si fuera una cacería. Yo sentía la necesidad de que esa persona orara por mí. Muchos pasaron por su lado mientras estuve en mi carrera escalera abajo. Cuando llegué, lo abracé y comencé a llorar. Sin saber quién era, le pedí que me perdonara. El señor me miró y me contestó:

-Ya te he perdonado.

- ¡Pero es que yo quiero cambiar, ayúdame, por favor! - le supliqué entre lágrimas.

-Tu vida jamás volverá a ser la misma.

Lo seguí abrazando y le pedí su número de teléfono por si lo volvía a necesitar. "Yo siempre estaré ahí", respondió. Pensé que no me lo quería dar porque yo era un extraño para él y lo comprendí.

Aunque no quería desprenderme de su presencia, le di las gracias. Sus últimas palabras fueron "no te olvides de esto". Cuando levanté mi cabeza para verlo, ya no estaba. Justo en ese momento fue que reaccioné y me di cuenta que había tenido un encuentro personal con Dios. Todavía me conmueve recordarlo. Jamás volví a ser el mismo.

Llamé a María. Le pregunté si me perdonaba y si podía regresar con ella y nuestros hijos. Me dijo que sí, pero con la condición de que viniera ese mismo día a la casa. Salí de Houston derecho a ver a mi amante. Me despedí de ella y le dije que nunca más volvería a verla porque me había enamorado de Cristo e iba a recuperar mi hogar. Finalmente, tomé la decisión. Cuando llegué a mi casa, mis dos hijos me estaban esperando con un bizcocho y un cartel que decía "Bienvenido a casa papá". ¡No lo esperaba!

De ahí en adelante, he permanecido con mi familia y me integré a la iglesia con ellos. Yo quería salir del caos, pero no entendía que necesitaba del Señor para dejarlo. Desde entonces, tratamos de servir a Dios en todas las áreas posibles. Mi pastor tomó la decisión de darnos clases de predicación y así comencé esa etapa.

Fue bastante difícil porque no tenía ningún tipo de estudio bíblico o teológico, pero le dije a Dios que sí porque deseo servir y honrarlo. Fueron momentos muy duros pues tuve que despegarme de todo lo material y domar mis ataduras, pero a pesar de los obstáculos, la recompensa fue grande porque amo lo que hago.

Así fue que después de trabajar diecinueve años en la línea aérea, en abril de 2008 dejé ese empleo estable para dedicarme completamente al evangelio. Pasé por esa difícil decisión y sobreviví a momentos muy complicados durante mi trayectoria, pero nunca me faltó nada.

Hace ya nueve años que fundé la iglesia CAFÉ en Arlington. Ha sido una tremenda experiencia. Aquí se han convertido narcos, pandilleros y muchos han restaurado sus matrimonios. Llega toda clase de persona. Algunos pasaron por lo mismo que yo. Ayudamos en Centro América, en Estados Unidos y en el Caribe. Prestamos servicio a los pastores e hijos de pastores para desarrollarse en el ministerio. Trabajamos duro con la comunidad, repartimos comida, tenemos programas de evangelismo, programas en las escuelas y programas para realzar a la comunidad.

Busqué resolver mis problemas mudándome de país sin darme cuenta que no importa a donde vaya o en dónde viva, ellos van a seguir ahí. Puerto Rico no era el problema, ni Estados Unidos la solución. Ningún país tiene una varita mágica que hará desaparecer tus problemas. Sin importar el lugar, vamos a pasar por pruebas que solo nosotros mismos podemos sobrepasar con nuestro esfuerzo. Pensar que un país o un gobierno nos va a resolver la vida es un error. Nos toca a nosotros resolverlos. En mi caso, la respuesta estaba en decidirme a dominar mis vicios.

Como antes mencioné, yo no soy el típico inmigrante que vino detrás de un sueño. Yo vine a Texas para cambiar mi vida, pero jamás sospeché el nivel de cambio por el que iba a pasar. No vine buscando materialismo sino una transformación. Otros vienen buscando el sueño americano que para algunos no es más que una pesadilla. Seguir ese sueño es desviarse de los conceptos familiares y espirituales. La gente se esfuerza en trabajar por una fantasía. Para mí no existe tal cosa como el sueño americano. Tener una casa no es tener un hogar. Que vivan juntos no significa que tienen una familia. Si siguen y aman a Cristo es imposible ser infeliz. Él es la fuente de paz, de prosperidad y de restauración. Todo se trata de eso. Yo no creo ni sigo el sueño americano.

Mi labor misionera me ha llevado a lugares donde las casas tienen el piso de barro y tres paredes, y la gente vive feliz porque son familias unidas. Luchar por un ideal material, como lo es el sueño americano, destruye más familias de lo que las une. Si te enfocas en vivir como un buen cristiano, pones mayor atención a las cosas que realmente importan como la unidad familiar y la sanación. Yo les digo a las personas que en vez de anhelar el sueño americano busquen a Cristo porque es lo mejor que va a pasar en sus vidas. Una vez lo hagas, el sueño americano pierde todo su valor porque Cristo se lleva toda la gloria.

$\mathcal{P}$orque "no hay nada mejor que ser cristiano."

-Richard Martínez

México

Adriana vive en Burbank, California junto a su hijo y esposo. Lleva catorce años viviendo en Estados Unidos y se encuentra planificando su retiro.

Nunca es tarde

Alguna vez escuché que las mujeres que se llaman Adriana somos activas, de gran voluntad y responsables. Aunque tomaba esas cosas más como entretenimiento que como algo serio, guardé esas palabras en algún recóndito lugar de mi mente. Si la vida me daba un revés, me recuperaba con las palabras mágicas que florecían en el preciso momento de la caída. "Las Adrianas somos de gran voluntad", me recordaba cuando estaba a punto de resbalar en una prueba. Por alguna razón, me han motivado a seguir adelante aun a mis sesenta y cuatro años de vida.

Cuando tenía veintitantos años trabajaba como azafata y visité Estados Unidos varias veces. Me gustaba este país para ir de compras y ver las atracciones. Aquí se maneja mejor, hay menos vandalismo y puedes salir sin miedo. A pesar de todo, nunca lo consideré mi norte. Cuando me casé cambié de profesión porque quería dormir todas las noches en mi casa. Yo estudié magisterio así que regresé a mi campo de estudio.

Durante muchos años, trabajé en un preescolar de la Ciudad de México como maestra de ESL (inglés como segundo idioma). Mi esposo es contador público y administraba una cadena de restaurantes. Cada vez había más y más restaurantes lo cual nos otorgó prosperidad. Vivíamos bien junto a nuestro único hijo de quince años. Él estudiaba en un colegio privado donde tomaba clases de inglés. Durante muchos años estuvimos felices y estables, pero nada es eterno.

Para el año 2002, la economía decayó en México y cerraron doce restaurantes de la cadena dejando a mi esposo sin empleo. Esta situación dio un giro a nuestras vidas. Con el sueldo de maestra, que es aproximadamente trescientos dólares al mes, no alcanzaba para pagar el colegio de mi hijo ni los gastos de la familia. Se nos estaba haciendo complicado sobrevivir. Mi esposo no conseguía trabajo y nos preocupaba mucho la educación de nuestro hijo. Por más que sumábamos y restábamos no alcanzaba para subsistir.

Bien dicen que Dios aprieta, pero no ahorca. La hermana de mi esposo se enteró de nuestra situación. Ella vive en California. Nos dijo que allí la educación es gratis y que era una buena oportunidad para que mi hijo perfeccionara el inglés. Nos ofreció ayudarnos. No teníamos tiempo para tomar la decisión ya que las deudas nos estaban asfixiando. No lo pensamos mucho debido a nuestra edad y solicitamos el visado para viajar a Estados Unidos. El proceso fue fácil porque ya habíamos tenido documentos anteriormente.

Para septiembre del 2002 recibí mi visa de turista y mi pasaporte, por lo que me aventuré a viajar a California para ver las escuelas y el ambiente. Soy muy aventada y no siento miedo al indagar. Quería asegurarme que todo iba a estar bien y así fue que, a mis cincuenta años de edad, con una vida que pensé ya estaba hecha y establecida, comencé de cero.

Regresé a la Ciudad de México para vender nuestras pertenencias y liquidar las deudas. A principios de noviembre, tomé un avión con mi hijo para nunca más regresar a vivir a mi México lindo. Durante la travesía, tuve muchos pensamientos. Estaba nerviosa y emocionada porque es un cambio total de vida. Es una combinación de sentimientos, por un lado, estaba temerosa pues sabía que a mi edad iba a ser difícil conseguir trabajo. Por otro lado, tanto mi esposo como yo somos profesionales. Eso me calmaba un poco, pues era una ventaja para encontrar empleo. Tenía la expectativa de mantener el mismo nivel de vida que llevaba en México, pero sabía que comenzar desde abajo era una posibilidad.

Al tocar tierra en Los Ángeles, California me sentí más nerviosa. Había comprado los boletos de ida y de vuelta, aunque no pensábamos regresar. Decidimos hacer la inversión porque es bastante común sacar una visa de turista y no volver. Era preferible evitar riesgos puesto que Inmigración sospecha de todos los que venimos de esa manera. Las entradas y salidas al país quedan registradas y estaba segura que me cuestionarían por mi viaje de septiembre.

Tal como pensé, me preguntaron por qué estaba de vuelta tan pronto, que por qué mi hijo estaba conmigo en vez de estar en la escuela, que si estaba segura de que no iba a quedarme, entre miles de interrogantes más que acrecentaron mi tensión. Encubriendo la inquietud que sentía, expliqué que vine de compras con mi hijo solo por una semana. Me pidieron el boleto de regreso. Con mucho recelo, se tomaron su tiempo para llegar a una decisión mientras a mí se me caía el mundo por la angustia de no saber si podría entrar o no al país. Dudaron, pero al final me creyeron porque mostré la evidencia de que regresaría. ¡Jamás me arrepentiré de haber comprado esos boletos! Eso fue lo que los convenció.

Una vez terminado el interrogatorio, caminé apretando mi amuleto de la buena suerte entre las manos. Todavía tenían oportunidad de arrepentirse. Tan pronto crucé la puerta le di gracias a Dios. ¡Ya estaba en California! Había llegado a mi nueva vida. Es indescriptible el alivio que se siente cuando logras pasar las autoridades y pones un pie en la libertad.

El tener familia aquí facilitó nuestros primeros meses. Nos llevaron a sacar la licencia de manejar pues al conducir legal los asuntos cotidianos son más fáciles. También nos dijeron dónde sacar un seguro social falso para poder comenzar a trabajar. Poco a poco nos acostumbramos al sistema y a los enormes *freeways*. Mi hijo era el más emocionado porque nunca había venido. Tuvimos la suerte de estar juntos y en familia, fortuna que muchos no tienen.

Todo marchaba bien. Para marzo, ya teníamos nuestro apartamento en la ciudad de Burbank a tan solo veinte minutos del centro de Los Ángeles. Es una ciudad tranquila, bonita y todo está cerca. A mi hijo le gustaba su colegio, aunque ya sabíamos que iba a asistir a la escuela de verano para reponer los tres meses que perdió.

La lucha ahora era conseguir un buen trabajo. Yo no batallé tanto porque hablo inglés y vine con la mentalidad de hacer cualquier oficio que fuera necesario mientras aparecía el empleo correcto. A mi esposo le costó más porque llegó con la idea de conseguir un trabajo profesional y remunerado. Él pasó de administrar restaurantes a limpiar mesas en un restaurante. Fue como caer de muy alto y recibir un gran golpe. Eso impactó su autoestima. Yo también entré a trabajar en un restaurante, pero como *hostess*. Lo vi como algo temporal. Yo estaba segura de que había un mejor trabajo para mí, un mejor mañana. Es lo menos que uno espera en este país.

Desafortunadamente, no aceptaron mi diploma de México. Para convalidar mi licenciatura en California tenía que tomar siete clases que cuestan alrededor de trescientos dólares cada una. Puse manos a la obra. Terminé cinco de los siete cursos porque me quedé desempleada y ya no pude pagarlos. Es una sensación horrible quedarte en la nada. Con el trabajo de mi esposo no era suficiente y tampoco contaba con el dinero para tomar las últimas dos clases que me faltaban. Es ahí cuando te preguntas ¿De qué me sirven mis estudios y la experiencia? Fue un revés que no esperaba.

¡Qué frustrante es tener profesión y no ejercerla! Tener necesidad y que tus años de estudios sean invalidados. Peor aún, es salir de tu país y caer en la misma situación que te impulsó a venir. Precisamente porque uno de los dos perdió el trabajo fue que vinimos y ahora estábamos justo ahí otra vez. Pero yo era la fuerte, la aventada, la que hablaba inglés, yo iba salir adelante, no podía caerme. Tenía que apoyar a mi esposo y luchar por mi familia.

"Las Adrianas somos de gran voluntad", me repetía. Una vez más esas palabras afloraban para mantenerme en pie. La renta no espera, el estómago tampoco. Necesitaba trabajar. ¡Estaba desesperada! ¿Cómo en el país de las oportunidades no se me presentaba una oportunidad?

Una chica que conocí en el restaurante me recomendó que tomara trabajo como *nanny* porque hablaba inglés y tenía experiencia con niños. Ella me explicó lo que es legal e ilegal, pues hay quien quiere abusar de ti. Hacía sentido, ¿por qué no? Ya que no podía ser maestra, cuidaría niños. ¡Hasta les podía enseñar español!

Me lancé a solicitar y conseguí mi primer trabajo como niñera. Este es un trabajo bien pagado en California. Si eres buena, la familia te aprecia y te conserva. Pero el tiempo pasa y los niños crecen rápido. Llegó el momento en que la familia ya no me necesitó. Fue ahí donde me di cuenta como son las cosas aquí. Hay que llegar con la mentalidad de que nada es para siempre. Hay que hacer lo que mejor te funcione, aunque esto signifique ejercer una profesión que no requiera estudios. En otras palabras, *make business and have fun.* Así veo que funcionan las cosas aquí. Si no piensas así te frustras y te cuestionas cuando no ves los frutos. Es difícil porque te bloqueas al ver que no llegas a donde esperabas.

Muchas veces añoras regresar. Tu mente quiere estar en tu país, pero no lo debes permitir porque no dejas que tu vida fluya. Mi mente está aquí, es lo más inteligente. No se puede vivir en el pasado. El país que dejaste ya no es el mismo. El tiempo pasa y todo cambia. Si piensas así, te adaptas y aceptas la situación como es. Aquí existen cosas positivas y negativas. Hay que aprender a vivir con lo que se tiene. Yo quería continuar trabajando como maestra y mi esposo anhelaba volver a los números, pero no se pudo. La diferencia es que yo estoy siempre dispuesta a todo menos a estancarme. Tu disponibilidad a tratar y a arriesgarte te abre o te cierra las puertas. Depende de ti.

Como les contaba, los niños crecen rápido y quedé sin trabajo. Regresé a solicitar empleo en la misma agencia y al cabo de un tiempo comencé a trabajar con una familia rica de Malibú. Cuido una niña y un varón. Llegué cuando la nena tenía tan solo cinco meses y al niño lo vi nacer. Trabajo diez horas diarias. Viajo cincuenta minutos de ida y cincuenta minutos de regreso a mi casa, pero vale la pena a pesar de lo agotador del viaje y las largas horas de trabajo.

He batallado bastante con esta familia porque la madre tiene ideas muy diferentes sobre cómo educar a los niños. Les enseño a pedir las cosas con por favor y gracias, pero lo que adelanto por un lado, no se fomenta por el otro. La educación de hoy es diferente. En este país se le da mucho lugar al niño y no le imponen nada. Cuando las mamás trabajan, como es el caso de mi empleadora, compensan demás a los hijos. Si tienen poder adquisitivo es peor porque le compran todo lo que quieren. Los niños se mal acostumbran a recibir y no saben dar. No tienen tolerancia a la frustración, pero no es culpa de ellos, así los han criado. ¡Para ellos todo es right now!

La niña que cuido tiene un carácter pesado. A veces me pregunto por qué tengo que aguantar tantas groserías. Hay momentos en que me siento humillada y me revelo ante la situación, pero me guste o no tengo que bajar la cabeza porque necesito trabajar. Yo he aprendido a lidiar con ella, aunque a veces no sea divertido. Me encantaría vivir para trabajar, pero la verdad es que al final del día, los americanos ven todo como un negocio. Simplemente trata de disfrutarlo y regresar a casa con el pan.

En diciembre de 2012 mi patrona perdió su trabajo. A pesar de que ella estaba desempleada y en la casa, quiso que yo continuara trabajando a tiempo completo. En marzo de 2013 me notificó que como no había conseguido trabajo, me tenía que bajar las horas. Tomando en cuenta el tiempo que viajo, las millas y el gasto de gasolina era imposible aceptar. Le expliqué que la cantidad de horas no compensaba el viaje. A ella no le gustó que la contradijera.

Lamentablemente, yo no podía hacer otra cosa más que buscar mi bien. Le pedí una carta de recomendación para buscar trabajo. La recibí sin reparos y le di mis dos semanas de noticia. Llevé la carta a la agencia y comencé a asistir a entrevistas. Les gustaba a las familias, pero a la hora de contratarme se arrepentían. Pensé que era una racha de mala suerte. Me mantuve optimista, pero noté que la situación continuaba. Algo no estaba bien. No existía ninguna razón para que me negaran el trabajo que tanto me urgía.

La situación se complicó porque todas mis cuentas estaban atrasadas. Llevaba meses en este problema. En mi desesperación me cuestionaba qué hacía que las familias no me contrataran. ¿Dónde estaba la falla? Fue en ese momento que sospeché. Las mamás se hablan y se recomiendan las *nannys*. Encontré un patrón. Luego de pasar por la verificación de referencia todas las familias cambiaban de opinión. ¿Será posible?

Le pedí a mi sobrina que llamara a mi ex empleadora haciéndose pasar por una mamá interesada en contratarme. Estaba a punto de perder mi carro e irme a la quiebra. Necesitaba saber lo que estaba sucediendo antes de perderlo todo. Para esa fecha ya tenía mucha ansiedad y deudas. Mi crédito iba en picada.

Esperé la llamada de mi sobrina con ansias de descubrir si esta señora era la causante de que todas las oportunidades se me fueran de la mano. Yo miraba las facturas vencidas sobre la mesa. Necesitaba pagar mi carro lo antes posible o lo perdería y con él se iba mi crédito ya lastimado. También estaba en el proceso de obtener mi residencia. No podía darme el lujo de estar sin trabajo. Se me hizo eterna la espera.

-Buenas tardes, estoy llamando para pedir referencias sobre Adriana. Ella la tiene a usted como su última empleadora.

-Ella fue la *nanny* de mis hijos por mucho tiempo, pero no se la recomiendo.

- ¿Por qué? ¿No trata bien a los niños?

-Trata bien a los niños, pero es muy floja y nada creativa. Se niega a llevarlos fuera de la casa. En todo el tiempo que trabajó conmigo nunca los llevó al parque ni al zoológico.

- ¿Los ayudaba con la tarea?

-No. Es flojísima. Yo no se la recomiendo y menos si tiene varios niños. ¿Cuántos niños tiene usted?

-Tengo tres niñas.

- ¿De qué edades?

-Tienen ocho, cinco y cuatro años.

- ¡Oh no! Adriana no le conviene. Ella no va a funcionar. Si yo fuera usted buscaba otra persona. Yo no la volvería a contratar. No es buena.

-Si no es buena, ¿por qué la tuvo por tanto tiempo?

-Es que uno se acostumbra. Además, ella ni siquiera dio sus dos semanas de noticia. No debe contratarla. ¿Dónde vive usted?

-Me voy a mudar a Los Ángeles próximamente. Todavía no tengo dirección.

-Si gusta, cuando llegue a Los Ángeles nos podemos ver.

-Claro que sí. Yo le marco cuando llegue. Gracias por la información.

-De nada. Le repito, si yo fuera usted no la contrataba.

-Muchas gracias. Que tenga buen día.

Cuando mi sobrina me llamó se me paralizó el corazón. A pesar de que lo sospechaba, no quería creerlo. Mi patrona me estaba jugando rudo. ¡Tenía tanto coraje! No importaba cuántas entrevistas tuviera, ella siempre iba a estar allí para evitar que yo volviera a trabajar. Mintió todo este tiempo mientras mi mundo se despedazaba. Se estaba vengando porque no hice lo que a ella se le antojó

Todos tenemos derecho a luchar por nuestro futuro. Los patronos deben entender que los empleados tenemos derecho a comer, a buscar oportunidades que nos permitan llevar el pan a nuestra familia. Ella es una mujer a la que no se le puede llevar la contraria. Sus hijos son iguales. Yo trabajé diez horas diarias por años y jamás fui una mala empleada. No era justo que me hiciera eso. Merecía la oportunidad de tener un trabajo que me diera de comer.

Acepto que lloré. Yo siempre me porté bien y aguanté muchas cosas. Me dolió recordar su indiferencia cuando trabajaba en su casa. Era invisible cuando a ella le daba la gana y ahora, después de tanto tiempo laborando honradamente, me pagaba con ingratitud. Me urgía el trabajo y no iba a tener ninguna posibilidad. ¿Dónde iba a conseguir un empleo sin que la contactaran a ella?

En esa misma semana de sin sabores recibí una inesperada llamada. Era mi patrona. Había regresado a trabajar y me quería de vuelta. ¡Sentí tanta furia! Evitó que yo consiguiera trabajo para obligarme a regresar con ella. ¡Qué egoísta! Yo estaba a punto de perderlo todo por su acción. Estaba bastante irritada. Lo tuve que pensar bien. Al final, terminé bajando la cabeza y acepté regresar. Estaba consciente que si no trabajaba para ella seguiría obstruyendo todas y cualquier oportunidad que se me presentara. Yo no podía seguir así. No tenía la capacidad económica para enfrentarme. Me guste o no, debía trabajar de inmediato. Se me movieron los sentimientos y tuve mucha rabia. ¿Por qué tengo que besarle las patas a esta gente? ¿Quería norte?, pues órale, hay que bajar la cabeza y quedarse callado. No es fácil, lo admito.

Con el peor de los corajes y con las lágrimas muy adentro, regresé. Pero no estaba dispuesta a tener el mismo sueldo. Exigí un mejor salario. Negocié y cuando obtuve lo que quería, entonces acepté. Es cierto que tuve que tragarme mi orgullo, pero a la misma vez alcé mi voz por mejores condiciones. No pedí nada que no mereciera.

Desde entonces he estado con ella. Nunca le he dicho nada sobre esa conversación con mi sobrina porque necesito el trabajo. Además, no quiero que piense que puedo hacerle algo a ella o desquitarme con los niños. Aunque me duele lo que pasó, no haría eso. Cuando me retire, tal vez se lo diga. Por el momento, trato de llevarme bien.

Hoy día, después de catorce años viviendo en este país puedo decirte que no me arrepiento. Mi esposo y yo lo hemos platicado y fue una buena decisión. Mi hijo tuvo la oportunidad de recibir educación y perfeccionar su inglés. Es un profesional y tiene trabajo. Era nuestro objetivo que él estudiara. Valió la pena nuestro sacrificio. Ya estoy más adaptada al sistema y acepto las cosas como son. La parte anímica es la más difícil, pero se acostumbra uno.

A pesar de los años, me sigue molestando que esta sociedad no tenga la parte humana muy desarrollada. Aquí todos somos un número más. Pareciera que no hay humanos, hay robots. Eso no me gusta porque yo vengo de un lugar donde se vive con calor humano. Eso es precisamente lo que extraño de México. A pesar de eso, no regresaría. Me gusta ir de paseo porque es bonito y las playas son hermosas. Me agrada ver a mi familia y amigos, pero ya México no es el mismo de hace catorce años atrás. La situación es muy diferente.

Cuando me preguntan si existe el sueño americano solo puedo decir que depende como lo veas. Tal vez, para una persona pobre que venga de un pueblito pequeño, llegar aquí y tener una televisión es alcanzar el sueño americano. Para muchos se basa en lo material. El sueño americano es relativo ya que de una letrina a tener una camioneta puede convertir a Estados Unidos en lo máximo. Este país te permite más acceso a las cosas materiales.

Lo que me gusta de aquí es que las personas que trabajan, se esfuerzan y estudian tienen oportunidades, especialmente los jóvenes. Si no estudias no pasas de ser un empleado de salario mínimo y con ese sueldo es difícil salir adelante. El que se propone llegar lejos, lo puede lograr por mérito propio.

Al final, me llevo la satisfacción de ver a mi hijo realizado y de vivir en un país más seguro. Considero que la prueba fue superada y continúo pensando que la mentalidad con la que vengas hace una gran diferencia. Mientras planifico mi retiro, sigo trabajando junto a mi filosofía que es: luchar, aceptar las cosas como son y ser feliz en el ahora.

$\mathcal{D}$icen que "nunca es tarde si la dicha es buena..."

Guatemala

Pepe vive en una ciudad cercana a Ft. Worth, Texas junto a tres de sus hijos. Actualmente, está en el proceso de convertirse en ciudadano estaunidense. Esta foto fue tomada dos años antes del terremoto.

Papá soltero

-Mamá, no hay estrellas en el cielo. La noche está oscura.

-Sí, mijo.

-No puedo abrir mucho mis ojos. Se me mete la tierra.

-Mijo, cierra los ojos y duérmete. Yo te despierto cuando vengan por nosotros.

-No puedo dormir. Hay muchos gritos.

-Vamos a estar bien. Descansa.

-La tierra pesa mucho.

-Lo sé, Pepe, pero debes estar tranquilo. Descansa, ya vienen por nosotros.

Pasaron seis horas antes que mi tío Mincho llegara a socorrernos aquel 4 de febrero de 1976. No supe lo que pasó. Me desperté en la madrugada por un ruido extraño que no pude descifrar. Sentí un peso horrible sobre mi pecho. Al abrir mis ojos se llenaron de tierra. Traté de moverme, pero no pude. Estábamos enterrados. Solo habían quedado nuestras cabezas ligeramente más elevadas, tal vez por la almohada. El techo se desplomó y solo podía abrir mis ojos a medias. En Santa Apolonia, Guatemala solo se escuchaban gritos aterradores y gente llorando desesperadamente. No entendía por qué se cayó el techo ni por qué el cielo se veía tan extraño. Tenía seis años y estaba confundido.

En algunos momentos no podía respirar. Mi pecho estaba oprimido y tenía que tomar aire por la boca, pero me entraba tierra y tenía que escupirla. Mi boca estaba impregnada de ese sabor que todavía recuerdo. Mientras esperábamos, hubo momentos en que todo se movía bruscamente. Apretaba mis ojos y mi boca. Luego soplaba aire para sacar la tierra que caía en mis labios.

- ¿Por qué todo se mueve, mamá? - gritaba asustado.

-Son réplicas, hijo.

Los gritos y los llantos histéricos empeoraban cada vez que la tierra se enojaba. No podía dormir. Tenía miedo, pero no quería llorar. Pensaba que si me movía podía venir otra réplica. No sabía lo que era eso, pero fuera lo que fuera era malo y la tierra se encolerizaba.

Mi papá trabajaba en la capital, Ciudad Guatemala. Le tomaba dos horas llegar en transporte público cada fin de semana. No teníamos esperanza de que llegara a auxiliarnos debido a la distancia, pero sabíamos que tío Mincho llegaría por nosotros. Desde que mi papá se fue a trabajar a la capital, tío Mincho venía a la casa todos los días para asegurarse de que estábamos bien. Ese aterrador miércoles no fue la excepción. A tío Mincho solo le tomaba diez minutos llegar. Ese día, las calles estaban tan destrozadas, había tantos muertos y heridos entre los escombros y réplicas violentas que le tomó seis horas llegar

La montaña de escombros era tan grande que tío Mincho no podía encontrar el cuarto. Conocía la casa, pero nada se veía igual. Tuvo que mover maderas y pedazos de techo caído, y hacer su mejor intento para ubicar la habitación. El sismo de 7.5 grados en la escala de Richter partió la casa por la mitad. Casi todas las paredes se cayeron y la grieta que cruzó el techo y el suelo medía más de un metro y medio. La tierra se separó y la casa también. Más de la mitad de nuestro hogar se redujo a polvo y pedazos.

Tío Mincho nos desenterró. Yo sentía miedo, pero la sensación de alivio al poder respirar no la puedo explicar. Tosí mucho y me fatigué. Miré alrededor. Mi tío tenía razón. Nada se parecía. Estábamos en un lugar extraño. Todo estaba desordenado, las paredes estaban en el piso, había tierra y escombros por todos lados. No se podía caminar. Mi tío estaba bañado en adobe y sangre. Yo estaba orinado y tenía tierra en todo el cuerpo.

Afuera también se veía diferente. La calle estaba cubierta de cal y llanto. Se escuchaban los gritos de las personas que todavía estaban atrapadas en sus casas. Otros lloraban sobre los muertos. Se veían pedazos de gente inmóvil bajo las tablas caídas. Fue aterrador. Agarré la mano de mi madre. Mi tío nos dejó sentados en la banqueta. Nos dijo que nos alejáramos de las paredes que estaban todavía en pie porque de camino a la casa vio como muchos morían aplastados al caerse las paredes durante las réplicas.

Tío Mincho siempre ayudaba a la gente. Se fue a las montañas de escombros que algún día fueron hogares para rescatar a los soterrados que gritaban. Yo escuchaba los comentarios de los vecinos.

- ¡Este es el fin del mundo!

-El perro estaba desesperado. ¡Él sabía que algo iba a pasar!

- ¡Es cierto! Mis animales estaban locos. ¡Ellos presienten!

Yo me sentía perdido. Todo era irreconocible y la gente no paraba de hablar. Había mucho ruido, gritos pidiendo ayuda, llantos y habladurías. La calle se cubrió de techos improvisados de sábanas. Me impresionó ver personas fracturadas, heridas, y moribundos que dejaban de respirar. No sabía qué pensar, qué preguntar ni a dónde mirar.

No recuerdo si dormí o en dónde estuve. Sé que la situación se tornó peligrosa. La tierra seguía temblando y llegaba gente de otros lados a saquear las casas y a robar lo poco que teníamos. Los vecinos se armaron con palos para defenderse de los robos. Le daban su buen escarmiento al ladrón para que no volviera. Teníamos hambre y frío pues el clima es templado.

Mi padre caminó veinticuatro horas para llegar a Santa Apolonia. En Ciudad Guatemala también se sintió el terremoto a las tres de la madrugada. Como a esa hora no hay transporte corrió por las calles brincando obstáculos y sobreviviendo a las réplicas que llegaron a alcanzar los 5.8 grados. La capital también tuvo daños considerables. Su desespero lo llevó al pueblo sin importarle llegar con los pies heridos de tanto caminar entre escombros y grietas. No sé cómo lo logró, pero llegó. Creo que ha sido el abrazo más fuerte que le he dado a mi padre.

El 6 de febrero se sintió la peor réplica. Más personas murieron. Los hospitales colapsaron y ya no había medicamentos. La peste en las calles revolvía los estómagos a medio llenar. Entre muertos descompuestos, excreta y orines se hacía pesado respirar.

Los muertos del cementerio se salieron de las tumbas y de los nichos quebrados. Mi tío Mincho ayudó a martillar los ataúdes y ponerlos de vuelta en la fosa, pero la tierra siguió temblando por un mes y se salían nuevamente. Hubo un total de veintitrés mil muertos y más de un millón de damnificados. En aquel momento estaba perdido. Hoy me doy cuenta de la magnitud de los daños.

Permanecimos en Santa Apolonia por dos o tres meses. Nos fuimos a la capital porque mi papá escuchó que el gobierno estaba dando terrenos y materiales para hacer casas. Fuimos seis familias a solicitar la ayuda. Nosotros mismos construimos las casas en el terreno asignado. Solo era techo, las paredes y el piso. La casa no tenía divisiones ni nada adentro. Solo era la estructura. Era mucho soñar con electricidad o un baño. La ayuda resultó ser una compra. Fue una decepción que pagamos por años. Al menos tuvimos un techo lejos de la pestilencia. En la parte de atrás de la casa, mi mamá hizo un hoyo profundo en la tierra. Ese era nuestro baño. Cuando se llenaba lo cerraba y abría uno nuevo. Hedía siempre que llovía.

Ella era una mujer emprendedora y con visión. Le dijo a mi papá que estaba cansada de la miseria en la que vivíamos y que lo mejor era movernos a Estados Unidos. Mi papá se rehusó porque no tenía nada que hacer en un país extraño. Además, no hablábamos el idioma. Escuché a mi madre insistir por mucho tiempo hasta que calló.

Cuando cumplí doce años, mi mamá salió y no regresó. Al siguiente día, alguien dejó una carta en el buzón. Era de ella. Nunca supimos quién la dejó. Le decía que no podía conformarse con lo que tenía. Quería una mejor vida. Deseaba mejores oportunidades para nosotros y sabía que en Guatemala esas oportunidades no llegarían. Lloré mucho cuando lo supe. Me sentí abandonado. Ese día mi padre bebió tanto que ni lo reconocí. Quedó solo con cinco hijos.

Vivíamos al día. Un pan para cada uno y no se podía repetir porque no había. Recuerdo que antes de que mi mamá se marchara nos daba la pacha a la media noche, justo cuando sonaban las campanas de la iglesia. Como no había leche para la noche, nos daba agua con azúcar. Tenía razón en irse.

Al mes supimos de ella. Se fue con una prima a Estados Unidos. Le tomó casi un mes entrar a California donde tenía un familiar que ya estaba establecido. Lo primero que hizo mi madre al llegar fue ponerse a trabajar con su prima. Pasaron el día completo limpiando casas. "Si limpias bien y ven que eres responsable, te siguen dando trabajo y te recomiendan con otros. Ganas bien si lo haces bien", le decían.

A pesar de que nos extrañaba, ella era fuerte y estaba segura de que algún día mandaría por nosotros. En esa misma semana solicitó asilo político.

Para esa fecha la violencia acechaba fuertemente en Guatemala. El país estaba en plena guerra civil y eso la ayudó a obtener sus papeles.

En Guatemala, mi papá comenzó a tomar y a veces se emborrachaba. Yo no lo veía mal. Más bien me aprovechaba para pedirle algunos quetzales y comprar dulces. De lo contrario, no me los daría pues era el dinero para comer. Yo extrañaba mucho a mi mamá. Era un sentimiento extraño. Le tenía coraje por abandonarme, pero a la vez me hacía falta. Todo el tiempo sentía tristeza y dolor. Su abandono me hería y no perdía la esperanza de volverla a ver. Fue muy duro porque nada calmaba esa mezcla de sentimientos de coraje y añoranza.

Sus llamadas eran un bálsamo temporero. Se comunicaba una vez al mes y aunque no era suficiente, era agradecido de escuchar su lejana voz. Nos llamaba a la funeraria pues era el teléfono más cercano. ¡Cómo esperábamos esa llamada cada mes! Mi papá no quiso saber más de ella.

Con el pasar del tiempo empezamos a progresar. Era emocionante recibir regalos de su parte. Nos mandaba ropa y eso nos alegraba, pero no compensaba la melancolía de no poderla abrazar en Navidad o las veces que necesité de ella y solo encontré ausencia. La lloré mucho durante años.

Cuando cumplí dieciséis comencé a hacer trabajos de electricidad mientras estudiaba en una escuela vocacional. Recuerdo que una vez me tocó ir a una casa cerca del aeropuerto. Se escuchaban los aviones. Me dio mucha nostalgia y al terminar el trabajo, me fui a verlos despegar y aterrizar. Miraba la gente que bajaba del avión a la pista buscando a mi mamá. Nunca llegó. No regresé a la escuela ese día. Estuve toda la tarde allí esperándola. Deseaba verla. En la noche, regresé con un inmenso vacío. Llevaba cuatro años sin mirarla. La vida tiene que seguir, aunque el corazón no lo entienda.

Continué estudiando y trabajando. Tan pronto pude, yo mismo puse el cableado para la electricidad en mi casa y mi mamá nos compró un refrigerador. Yo veía que ella nos ayudaba muchísimo y si no fuera por su apoyo no tendríamos nada. Comencé a darme cuenta de que en realidad no nos abandonó, sino que se fue lejos para darnos el pan. Poco a poco lo fui asimilando. Pronto surgió la idea de probar suerte en el extranjero. El primero en irse fue mi hermano. Le pedí a mi mamá que mandara por mí, pero me dijo que todavía no tenía el dinero para hacerlo. Ella quería que todos viniéramos de manera legal, pero no siempre se puede.

Es muy difícil que un centroamericano pueda moverse a Estados Unidos si no tiene los recursos. Guatemala exige que tengas una cuenta de banco con una cantidad mínima de dinero para sacar el pasaporte. Apenas acabábamos de tener electricidad en la casa, ¿de dónde íbamos a sacar esa cantidad y mantenerla en el banco? El pasaporte también cuesta. Teníamos que esperar a que ella pudiera.

Sin embargo, soy muy aventurero y un viaje por tierra no me asustaba. Así que, en el verano de 1988, con dieciocho años recién cumplidos, mi mamá consiguió que unas personas que viajaban de Guatemala a México pasaran por mí. Temprano en la mañana llegaron en una camioneta *pick up*. Iban dos personas al frente y yo iba atrás con la carga. Mi papá se despidió de mí y me dio una bolsita de comida para el camino.

Salimos en el mes de julio y llegamos a la frontera de México con Estados Unidos en agosto. El viaje fue largo, pero iba feliz pues vería a mi madre. Pasé hambre porque la comida se me acabó rápido. A veces me ofrecían un taquito y yo lo aceptaba.

Tuve suerte de que no lloviera, pero mi piel sintió los estragos del sol.

Durante esos días practiqué en mi mente lo que tenía que decir en la frontera. Ya tenía mi papel memorizado. Usé el pasaporte de un familiar que tiene visa. Él entra y sale de Estados Unidos continuamente para comprar materiales para su negocio. El papá de ese familiar también tiene visa y viajó en avión para esperarme al otro lado de la frontera. Me dijo a dónde ir y cómo actuar. Una persona que entra y sale tantas veces no puede equivocarse.

Yo tenía que saber exactamente hacia dónde caminar, dónde sentarme y el procedimiento completo. Debía estar listo para contestar sin errores las preguntas. Si se daban cuenta de lo que estaba haciendo confiscarían los documentos. Metería en un gran apuro a quién me los prestó y a mí me podían encarcelar. Los nervios retorcían mi estómago que ya estaba adolorido por el hambre.

No estaba seguro si iba a funcionar, pero tenía que intentarlo. La guerra civil de Guatemala no había mermado y era peligroso salir a la calle. Nos encerrábamos temprano en las noches. Yo estaba dispuesto a aprender inglés, hacer una carrera y legalizarme. Venia con las mejores intenciones de ser productivo y salir adelante alejado de la pobreza y la violencia de mi país.

- ¡Fulano De tal! - llamaron varias veces. Yo no respondía. Estaba tan cansado y quemado del sol que me quedé dormido en la silla. Luego caí en cuenta, era el nombre al que yo debía responder. Me levanté súbitamente. Debía ejecutar el teatro que tanto había practicado.

- ¿Viene a lo mismo de siempre?

-Si, señor.

- ¿Cuántos días necesita?

-Solo unos cuantos. Compro el material y me regreso.

-Le voy a dar ocho días. Que tenga buenas tardes.

Cuando escuché la frase buenas tardes, supe que todo terminó. Había escuchado historias de personas que son arrestadas y deportadas. La sorpresa me hizo olvidar el constante gruñido estomacal que me acompañó durante el viaje. Agarré los documentos, di las gracias y procedí a salir por la puerta que tanto me habían descrito. Llevaba un mapa memorizado de la oficina y de la ruta que debía tomar una vez saliera. Dios estaba conmigo.

Atravesé la puerta fingiendo naturalidad. Caminé con toda la seguridad que no tenía, poniendo mucho ojo a la imagen que recordaba del mapa y me dirigí a la acostumbrada estación de autobuses que nunca había visto.

¡Por fin, suelo americano! No podía creer que pisaba la tierra que se había llevado a mi madre. No tuve problemas para llegar. La explicación fue muy detallada y yo había practicado bastante. Allí estaba mi tío esperándome. ¡Finalmente, una cara familiar! Me sentía aliviado. Ya estaba en Estados Unidos y con mi tío al lado no tendría de qué preocuparme.

Tenía mucha hambre y sed. Hacía tres días que no comía ni tomaba nada. Mi tío me llevó a un restaurante de comida rápida. ¡No podía creer cuánto pollo había en el plato! "Aquí es así mijo, la comida abunda. Voy a llamar a tu mamá para que sepa que llegaste." Mientras él llamaba a su hermana, yo devoraba el pollo como si nunca hubiera comido en mi vida. No podía parar de morder todo lo que llevaba a la boca.

-Malena, tu patojo ya está conmigo. ¿Quieres que te lo lleve o lo mando solo?

- ¿Cómo lo vas a mandar solo? Él nunca ha estado aquí. Se va a perder.

-Pues eso te cuesta quinientos más.

-Pero ese no es el trato. Yo te pagué para que lo trajeras a mi puerta.

-Pero las cosas cambian, Malena. Si quieres que te lleve al patojo son quinientos más. Si no los quieres pagar lo dejo solo. Él es bien listo verás que llega.

-Ni porque soy tu hermana cumples con lo prometido. ¡Ese no fue el trato!

-Tú sabes el riesgo. Dale gracias a Dios que llegó. ¿Qué dices, te lo llevo o lo dejo aquí?

-Está bien. Yo busco como pagarte, pero tráelo.

No podía creer lo que mi tío le acababa de hacer a mi mamá. Probablemente no tenía el dinero.

¡Además es su sangre! ¿Cómo podía ser así? Ella le pagó por adelantado sin ninguna seguridad de que yo llegaría y él todavía le pedía más.

Me enojé con mi tío, pero trataba de ignorar eso. Estaba en California donde las calles eran bonitas y donde vivía mi madre. No sé cuándo lloré más, si en Guatemala cuando la extrañaba o en California cuando la vi luego de seis años. Había llegado el momento de tocarla, sentirla, era ella. Por fin juntos otra vez.

Días más tarde mi mamá me llevó a solicitar asilo político. Estados Unidos estaba consciente de la violencia atroz que se vivía en mi país. Me lo dieron sin problema. Otra vez tuve suerte. Ya no veía la hora de empezar a trabajar. ¡Para eso había cruzado dos fronteras!

Mamá me inscribió en clases de inglés y conseguí trabajo como cocinero. Comencé a hacer amistades y a salir. Me estaba adaptando a la vida americana. En mi día libre fui con un amigo a una fiesta. Esa noche hubo una competencia de baile. Me encanta bailar así que me subí al escenario junto a otros competidores. La contienda se puso dura y yo no me iba a dar por vencido. ¡Quería ganar! Me quité la camisa y la lancé al público. Vi que las chavas se volvían locas. Gané la competencia, pero también gané el número de una chica que se acercó y me dio un papelito. Salí de allí ¡sin camisa, pero con novia!

Era una joven salvadoreña de dieciocho años. Yo ya había cumplido los veinte para esa fecha. Su mamá me rechazó. No quería cholos ni borrachos. Yo no soy ninguna de las dos cosas, pero me juzgó. Desafortunadamente, esa es la imagen que muchos tienen de los hispanos. No fue fácil ganármela ni borrar ese estereotipo de su cabeza. Terminé casándome con su hija y dándole una gran boda para demostrarle a la señora que yo era un hombre de bien. Trabajé muchas horas de desvelos, algunas semanas sin días de descanso para tener el dinero que necesitaba. Le di la boda que quería y le entregué mi anhelo de ser feliz y tener una familia. Estaba motivado a tenerla bien, a triunfar y tener una mejor vida. Yo sentía que ya estaba viviendo el sueño americano.

Al regresar de una corta luna de miel, quiso regresarse con su mamá. Yo traté de convencerla, pero terminé viviendo en casa de la suegra. No era mi idea de hombre casado. Esto nos causó muchos problemas pues la señora opinaba en todo. Pronto llegó el primer embarazo. Tuvimos un varón.

Me sentí feliz de tener a mi primer bebé. Sentía que mi vida había tomado rumbo. Como ella es ciudadana, solicité mis papeles al casarme. Después de un tiempo, pedí un permiso para ir a Guatemala. Fue muy difícil obtenerlo porque mi documentación estaba en proceso, pero tanto insistí que lo logré. Una vez tuve el visto bueno, la llevé a conocer mi país y le llevé mi hijo a mi padre. ¡Me sentía realizado!

Al regresar a California todo cambió. Mi jefe era racista y siempre buscaba la manera de correr a los hispanos. Cualquier excusa era buena. Me reemplazó desde que me fui sin yo saber. Fue un golpe bajo. Me quedé sin trabajo y tampoco conseguía. Era frustrante salir todos los días a buscar empleo sin que nadie te dé la mano. ¿Dónde estaban las oportunidades? ¿No era este el país del progreso?

Me fui a buscar televisores en la basura para componerlos y venderlos. No tenía ni para pañales y mi esposa estaba nuevamente embarazada. Le dieron WIC, pero no era suficiente. El niño tomaba más leche de la que nos daban. Sentía impotencia de no poder proveer para ellos. No se lo deseo a nadie. Uno piensa que aquí se vive bien y sin problemas, pero cuando no tienes para tu familia te das cuenta de que no es tan fácil como parece.

Luego de seis meses padeciendo y haciendo de la basura mi subsistencia, conseguí trabajo en la cocina de un hotel y pude emprender mi camino. Quería lograr el sueño americano que para mí era tener una casa y ver que mis hijos no carecen de nada. Le propuse a ella que terminara la preparatoria y aprendiera inglés, pero no quiso. Siempre se quedó en la casa. Llegó el segundo varón. La convencí de mudarnos solos para hacer nuestra vida aparte pues la presencia de la suegra en nuestra relación no era saludable.

Pensé que, con mi segundo varoncito, mi familia estaba completa. No fue así. Rápido llegó mi tercer hijo, una niña. La situación se me estaba complicando. Antes de que me diera cuenta ya éramos una familia de cinco. Tomé un segundo trabajo y sacrifiqué muchas horas de sueño y momentos familiares. Durante diez años trabajé de 7:00 am a 3:00 pm en una cocina y de 4:00 pm a 12 am en otra. Llegaba a mi casa a la 1:00 am y me levantaba a las 5:00 am para comenzar mi día otra vez. Solo dormía cuatro horas diarias. Nunca tuve días libres enteros porque tenía que ir a una o a la otra cocina.

Tuve que trabajar todos los días festivos. Recuerdo que un 31 de diciembre, el restaurante cerraba a las 10:00 pm y a las 9:45 pm llegó una pareja. Ya habíamos limpiado y guardado todo. El horario estaba anunciado, pero la gerente nos dijo que la política del hotel era que el cliente es primero. Tuvimos que sacar todo y esperar a que la pareja decidiera ordenar. Se tomaron su tiempo. A las diez todavía no habían ordenado. Cuando recibimos la orden, la preparamos bien, pero lo más rápido posible. Nos ayudamos mutuamente para avanzar. Luego de pedir la cuenta, cambiaron de opinión y pidieron la carta de los postres. *Customer first!* Como era un restaurante cinco estrellas, los postres no están congelados. Tuvimos que prepararlos corriendo. Ellos no mostraron ni la menor prisa aun sabiendo que el restaurante ya estaba cerrado y ellos eran los únicos clientes.

"¡Hijos de su pinche madre!", decía uno de los cocineros. Finalmente, se marcharon. Todos teníamos hijos y queríamos estar con ellos. Me tocó despedir el año manejando en la carretera. No llegué a tiempo gracias a esos clientes. Tenía demasiado coraje con esos inconscientes que les valió que el restaurante estaba cerrando. No les importó todos los que estábamos allí esperando por ellos para irnos con nuestros hijos.

Así viví muchos momentos de esclavitud en el país de la libertad. Por eso, no me importaba llegar muerto del cansancio. Si uno de mis hijos quería jugar, aunque me estuviera cayendo del sueño, jugaba. Yo quería estar ahí para ellos. Mis hijos me empujaban a no rendirme. Tomé la decisión de que mi esposa tomara pastillas. Tres hijos eran una gran responsabilidad y yo quería darles todo lo que no tuve. Estaba agotado y deseaba compartir con mi familia. En mis peores cansancios en la cocina me acordaba que lo hacía por ellos.

Pero las cosas no funcionan si solo uno pone de su parte. A ella se le olvidaba tomar las pastillas y llegó otra nena. ¡La recibí con todo el amor del mundo! Ya era el cuarto hijo. Le pedí que fuera más cuidadosa. Yo tenía planes y estaba trabajando muy duro para lograrlos. Tuve muchos logros en mi trabajo, pero nunca iba alcanzar mis metas trabajando tanto por ese salario. Tuve que cambiar a un empleo mejor. Era la única manera de subsistir.

Busqué hasta que por fin llegó una oportunidad en Texas. Nos mudamos y mi situación económica mejoró. Mis horas de trabajo también. Pude estar más en familia y disfrutar a mis hijos. Aunque tengo los días festivos libres, me toca trabajar en la calle con el frío cortante del invierno y el ardiente verano tejano, pero yo sabía que con ese sacrificio podía comprar la casita. Era lo que me faltaba para lograr el sueño americano.

Siete años después vi que estaban construyendo unas casas nuevas. Entré por curiosidad pues no sabía si podía comprar y terminé aplicando para una. ¡Era perfecta!

- ¡Ah, Pepe, para que vas a gastar dinero en una casa!

-Porque va a ser nuestra. Pagaríamos para nosotros, para que nuestros hijos tengan algo.

-Las casas son muy caras. Es mejor vivir rentado- decía mi esposa.

Yo no desistí ante su negativa y esperé la aprobación. No me importaba su poca fe. Con la mía bastaba. Yo había trabajado duro durante diecisiete años en este país para darles una vida decente y sin necesidades. Comprar una casa para ellos era llegar a la meta. Mi familia tenía que tener su casita. Días más tarde recibí la llamada. Sentí las lágrimas bajar. No tenía palabras para responder.

Finalmente se cumplió mi sueño americano. Tenía mis hijos, mi casa, mi carro, un trabajo bien remunerado y podía costear todo eso. ¿Qué más podía pedirle a la vida? Pensé que estaba realizado. En Guatemala no tuve nada de eso hasta que mi madre con sacrificio empezó a mandarnos el dinero para arreglar la casa. Tuve electricidad a los dieciséis años y baño a los dieciocho. Mis hijos nunca vivieron eso y era mi misión que jamás lo experimentaran.

En nuestro nuevo hogar teníamos espacio, los niños podían correr y hacer todo el ruido que quisieran. ¡Llegó un quinto hijo! Amo a mis hijos, pero los niños no son juego. Decidí que se operara luego del parto. Yo compraba las pastillas que ella olvidaba tomar. ¡Estaba desperdiciando el dinero! ¿De qué me servía poner de mi parte si ella no ponía de la suya? Tuvo que operarse luego de la última niña.

Viví mi sueño americano por poco tiempo. Un día mi esposa me dijo que se sentía aburrida. ¿Con cinco niños, un marido, un perro y una casa?

- ¡Saca tu diploma de *High School*! - le dije esperando su aprobación.

-No. Yo quiero trabajar.

- ¿Trabajar?, pero si nunca has trabajado y la bebé solo tiene seis meses. Mejor saca tu diploma para que te puedas quedar con ella un tiempo más. Después trabajas.

-No quiero esperar. Yo quiero trabajar ya.

-Bueno, está bien, pero tenemos que dejar los niños con alguien de confianza.

Y así se hizo. Lo único que le pedí fue que no descuidara la casa ni mis hijos. Consiguió trabajo en una fábrica y llevaba los niños con su mamá quien también se mudó para Texas, pero gracias a Dios no vivía con nosotros.

Yo no quería que a mis hijos les faltara su madre como me pasó a mí. Necesité mucho de ella. Esos recuerdos me entristecían y no quería que también vivieran ese vacío. Ya bastante tuvieron con los años que pasé trabajando sin parar para que ahora no vieran a su mamá.

Meses más tarde empecé a notar cosas extrañas en mi esposa. Trabajaba horas extras, pero ese dinero no arribaba al hogar. Yo llegaba a la casa a cocinar y atender a mis hijos sin que ella apareciera pues estaba trabajando. También llegaron turnos de fines de semana sin remuneración. Sabía que algo estaba pasando.

Una tarde, salí temprano del trabajo y le pedí a mi suegra que los tuviera por más tiempo. Preparé una cena para dos y puse velas rojas. Yo quería recuperar nuestra vida en pareja. Trabajar, mantener una casa y criar cinco hijos es agotador. Tal vez, romper la rutina de las responsabilidades me devolvería a mi esposa, pero no llegó. La llamé para decirle que la estaba esperando. Dijo que saldría más tarde. Esperé hasta la hora indicada y no llegó. Estaba atascada en el tráfico. Pasaron tres horas, suficiente para llegar. Tampoco llegó. Un policía la detuvo para darle una infracción. ¿Cuánto toma darle un *ticket* a un conductor?

Supe que no había remedio. Tenía que enfrentar lo que estaba pasando. Sentí tanta cólera de haberle preparado con amor una cena romántica. Me sentí como un grandísimo pendejo al ver que mis esfuerzos eran en vano. Me di cuenta que de nada valían los años de sacrificio, desvelos y cansancio si no son apreciados. Tantos hombres que maltratan a sus mujeres y yo tan idiota cocinándole a una mujer que no valora mis esfuerzos. Apagué las velas y de un golpe tiré la cena al piso. Pateé los platos y los candelabros hasta romperlos todos. Dejé el desastre en el suelo y me largué a dar una vuelta para desahogarme.

Al regresar a la casa, ella todavía no había llegado. ¿Para qué llamarla otra vez? Serían más excusas. Llamé a la abuela para que los niños pasaran la noche allá. No quería que ellos escucharan nuestra discusión. Estaba molesto, herido. Pasaron las horas y no llegó. Me acosté a esperarla. Llegó la madrugada y con ella mi esposa. Estoy seguro de que vio la comida en el piso, los platos rotos y el desorden, pero poco le importó. Se bañó y se acostó a dormir sin cruzar palabra y sin percatarse que los niños no estaban en la casa.

- ¡Cínica, como pasas horas sin saber dónde están tus hijos! ¡Estuve esperándote!

-Tengo sueño.

-No me importa si tienes sueño. ¿Dónde estuviste todas estas horas?

Comenzó una amarga discusión en la que ella me echó la culpa de todo porque yo le daba mala vida, yo esto, yo lo otro, yo siempre, yo nunca, yo, yo, yo el malo, yo lo peor. En realidad, ¡yo el pendejo! Nunca aceptó nada. Después de tanto discutir le dije que yo la perdonaba por mis hijos. Fue una noche agria. No pude dormir. Sentía mucha ansiedad porque sabía lo que pasaba. Hasta un ciego lo podía ver.

Al día siguiente, la vi bañarse y vestirse. Pensé que habría una reconciliación. Sonó el timbre. Trajeron a mis cinco hijos. Los abracé a todos. Era mi familia, la familia por la que tanto había luchado y la que jamás iba a abandonar, pero el matrimonio es de dos...

Ella bajó las escaleras vestida de rojo y con maleta en mano. Me dijo que lo había pensado bien y no quería quedarse conmigo. ¿Cómo era posible que hiciera eso en frente de nuestros hijos?

- ¿Y los niños?

-Quédatelos. Son tuyos. ¡Yo me voy!

Sentí que un rayo caliente atravesó mi corazón. No podía ser cierto. Nos estaba abandonando. No hubo forma de que se quedara. Estaba decidida a dejar su hogar, su familia, los hijos que todavía estaba criando. Cuando me vi vencido, le pedí que se llevara la menor pues todavía era una bebé de un año. Aceptó de mala gana y se marchó. Me destrozó. Me sentí abandonado, tirado otra vez. Mis hijos perdieron a su madre. Yo conocía ese sentimiento que no se supera.

Tenía que asimilarlo. Quedé igual que mi padre años atrás. Solo con mis hijos de quince, catorce, doce y diez años. Para mí siempre fue importante que no padecieran, que tuvieran todo lo que yo no tuve y una de las cosas más importantes era que no le faltara su madre. Sentí culpabilidad, pensé que les fallé. No podía ver sus caritas cuando preguntaban si su mamá iba a volver. Estaba hundido, desesperado, impotente.

Necesitaba cubrir el vacío tanto en mí como en ellos y comencé a gastar. Los llevaba a patinar, al cine, a comer, a mantenerlos entretenidos para evitar que sufrieran. Al llegar a la casa, se acordaban de lo ocurrido y regresaban las preguntas rompe alma que no podía contestar. Aprovechaba cuando se dormían para llorar a solas. No sabía cómo iba a salir de la situación, cómo iba a terminar de criar cuatro niños como padre soltero. Yo no sabía ser madre. ¿Qué ejemplo seguir si me faltó mi mamá? Mi papá me daba fuerzas por teléfono diciendo que él pudo y que yo también podía. Había tantas preguntas, tanto miedo a hacerlo mal, a no cubrir ese vacío, a fallarles.

Acepto que perdí el control. Si querían ir a algún sitio, a todos me los llevaba. Si pedían algo, se lo compraba. Por no saber decir que no, caí en otro problema. Comencé a sobregirarme. Las horas extras ya no rendían y todo se venía abajo. Las preguntas aparecían al regresar a la casa sin importar cuánto había gastado. Ni el dinero ni las cosas materiales compensan la falta de una madre. Nada saciaba ese vacío inmenso que provoca el abandono.

Muchas veces falté al trabajo para llevar a mis hijos al médico. Me tocó explicarles a mis hijas qué era el periodo y comprarle sus toallas. Mi mamá, quién seguía en California, me ayudaba por teléfono, pero yo no quería molestarla.

Una noche tenía mucho dolor de muela. Tenía que esperar a que fuera de día para ver si me atendían sin cita. No podía dormir. Me ponía compresas de hielo, pero no me quitaban el dolor. Esa noche mi hija entró a la habitación. Tenía un fuerte dolor de menstruación y no tenía ni una pastilla en la casa. Me quité mi dolor para atender el de ella. Tuve que dejarlos solos e ir a comprar pastillas.

Al llegar, le puse compresas calientes y la masajeé hasta quedarse dormida. Finalmente, el sueño me venció y mi hijo me despertó. Se levantó porque tenía dolor de oído. Miré el reloj y solo faltaban quince minutos para que sonara la alarma. No había dormido y el dolor de muela seguía. No tenía nada para su oído. Nuevamente, me quité mi dolor para atender el de él. Estuve toda la mañana en el pediatra, le compré su medicina y entonces, busqué un dentista. Día no trabajado, día no cobrado, deudas aumentando.

En el invierno ya casi no podía con la carga emocional, mucho menos con la económica. No pude pagar la cuenta de energía y nos quitaron el servicio de luz. Mis hijos se asustaron. No quería, pero tuve que hacerlo. Por primera vez en once meses la llamé. Lo único que le pedí fue que mis hijos durmieran con ella esa noche para que no pasaran frío. "Es tu asunto. Son tus hijos", respondió. Volví a sentirme como un gran pendejo. ¿Para qué llamo a una madre que le vale madre sus hijos? ¿Si ya los abandonó una vez como no lo va a hacer otra vez?

No quedaban dudas de que estaba solo en esto y en todo. Les dije que fueran por sus cobijas mientras yo volvía. Regresé con leña gastando el poco dinero que tenía. Encendimos la chimenea y contamos historias hasta quedarnos dormidos. A pesar de mi rabia, pasamos tiempo de calidad juntos y para mí, eso es lo que cuenta. Al día siguiente, conseguí el dinero prestado y reconectaron el servicio. No quería que mis hijos supieran la verdad, les dije que olvidé pagar.

Así fueron mis días, meses y años. Aprendí que las cosas simples llenan más que las costosas y que las memorias son más duraderas que lo material. Las lágrimas a escondidas sirven para desahogar, pero no resuelven problemas. Seguí luchando, pero teniendo en cuenta que debía ser realista con mi presupuesto. Lo aprendí a golpes, pero lo aprendí.

Di lo mejor de mí para salir del problema, pero los intereses aumentan tanto las deudas que me consumían el cheque. La casita por la que tanto luché se fue a *short sale*. Era la única opción que al final me quedó. Tuve que buscar donde vivir con mis hijos.

Después de ocho años volví a rentar un apartamento. ¿Dónde quedó el sueño americano? Este es un país con muchas oportunidades, pero todo es a base de crédito. Si lo dañas, lo pierdes todo. Al banco no le importa la situación emocional o económica por la que estás pasando. Tú eres dinero y cuando estás en aprietos dejas de ser importante. Te persiguen hasta dejarte en la calle. Yo pagué muy caras las consecuencias.

Me quedé sin casa más no sin hogar. Hice lo mejor que pude con mis hijos. Cuatro de ellos se graduaron de la escuela. Uno ya vive en pareja con mi primer nieto. No me he vuelto a casar. Me he dedicado a ellos por completo. Aprendí que sí se puede hacer hogar sin madre y que un hombre puede criar a sus hijos.

Lo más importante es que a pesar de las batallas que libro y nadie se entera, he sido bendecido porque ninguno de mis hijos me falta el respeto. Los beso y les digo que los amo cada día de mi vida porque es lo que quiero que recuerden de mí.

Deseo que sepan que los amé incondicionalmente y que jamás los hubiera dejado. Ellos fueron los que me mantuvieron vivo cuando estaba muriendo. Todavía me falta por guiarlos y aconsejarlos, pero mientras Dios me lo permita, aquí estaré para ellos.

Mi vida ha sido de mucho sacrificio y preguntas. He caminado un largo sendero de aprendizaje, golpes y dudas. A pesar de todo, estoy agradecido. Sigo trabajando como se trabaja en este país, de sol a sol, pero no me arrepiento de venir porque en mi país no hubiera podido darles a mis hijos la educación ni las comodidades que tienen. Sigo teniendo el sueño de volver a comprar mi casita y estoy estudiando para hacerme ciudadano.

Cuando los vea a todos realizados, entonces podré decir adiós llevándome en mi corazón el inmenso amor que siento por ellos, pero sobre todo la satisfacción de saber que di lo mejor de mí para que no sintieran el abandono ni las carencias que más de una vez yo sentí.

México

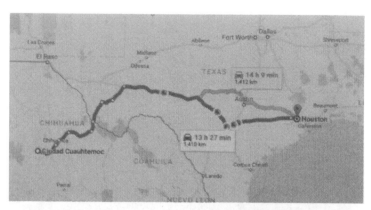

Sara vive en una ciudad cercana a Dallas, Texas junto a su esposo. Hoy día es abuela de dos niñas y un varón. Sirven como modelo en la foto Gretel M Rodríguez y su hija Luna Remus representando a Sara y a su motor de vida.

Mi motor de vida

Me perdía en el silencio de mis cálculos y pensamientos lejanos. Las reuniones con mis amigas se habían terminado. Era una muerta en vida hundida en una profunda tristeza que me obligaba a aislarme del mundo. No era la vida que deseaba, pero ahí estaba, viviéndola o muriendo en ella.

Siempre soñé con ir a la universidad para hacer una carrera que me sacara del cascarón en el que estaba obligada a vivir, pero no estaba destinada a eso. Mi padre, en su afán de controlar mi vida, me envió a un colegio vocacional para repetir el último año de preparatoria y convertirme en secretaria.

Así fue como en 1984 con dieciocho años comencé a trabajar en una fábrica. Nada mal para vivir en la sierra de México donde el frío cala los huesos sin importar cuántos empalmes de ropa lleves. Cualquiera pensaría que tenía una vida perfecta. Era joven, esbelta y de ojos verdes. Tenía un buen trabajo mientras muchos estaban en la pobreza, aun así, yo no era feliz. No tenía nada que impulsara mi vida. Me sumí en una depresión porque estaba acorralada en un mundo escogido por mi padre.

Él era un hombre estricto, machista y enchapado a la antigua. Todos lo respetaban o tal vez le temían. Él elegía nuestro destino. Tenía una manera muy dura de educar. Sus lecciones duraban toda la vida.

No olvido que cuando era pequeña quise caminar sobre un banco de la plaza. Mi padre me dijo: "Ande mija, camine sobre el banco que aquí está su padre. Si se cae yo la agarro". Me subí y caminé sobre él. Al finalizar, mi padre me pidió que brincara. "Confíe en mí mija, que soy su padre", dijo. Me lancé y me dejó caer. Cuando abrí los ojos me dijo estas palabras: "¡Eso es para que aprenda a no confiar en nadie, ni en su padre!". Así educaba el ser que me dio la vida. Así fue mi existencia, lección tras lección, rudeza tras rudeza, rigidez tras rigidez.

Debido a esas vivencias, sentí que la luz de mi vida se extinguió. De nada me servía tener dinero para comprar mis gustos si me aislaba del mundo y evitaba a mi propio padre. Siempre que podía me iba al patio. Allí me sentaba solita a perderme en mi melancolía.

Mi madre notó el cambio en mi comportamiento. Se asomaba por la ventana de la cocina y me veía una y otra vez. Ya no era la misma Sara de antes y ella no estaba dispuesta a perder otra hija. Mi hermana menor, María, se marchó con su novio a los catorce años. Esa fue la manera en que logró escapar de la dictadura de mi padre. De repente, me di cuenta de que eso era lo que necesitaba. Escapar de esa vida, de esa tristeza que me consumía y ahí, en ese momento, me volví calculadora.

Descubrí lo que necesitaba para salir del profundo hoyo donde me encontraba. Mi motor de vida me inspiraría a salir de donde estaba. La pregunta era ¿cómo conseguirlo? ¿Cómo embarazarme sin un hombre? Un hijo me daría la fuerza para luchar. Mi padre me echaría a la calle. Una madre soltera era una vergüenza a la que jamás se expondría. Con un bebé y sin un padre apoyándome calificaría para una casa del gobierno. Ahorraría suficiente para irme lejos cuando mi hijo naciera. Mi criatura no me permitiría quedarme en este pueblo de la sierra. Me impulsaría a vivir en una gran ciudad. Mi norte sería Estados Unidos. Con un bebé en brazos por quien velar jamás me volvería a desconectar del mundo.

El problema era cómo tener un hijo sin un padre. Necesitaba estudiar mis prospectos y cómo lograría que no tuviera derechos sobre mi hijo. Quería un bebé solo para mí. No paraba de buscar opciones, de calcular quién, cómo, cuándo y dónde.

Las tardes en el patio no terminaron allí. Me sentaba a descartar a los candidatos por una u otra razón. A veces porque no me abandonaría embarazada o por ser moreno. En Estados Unidos era mejor tener un hijo blanco. No quería que pasara por racismo, ya era bastante tener una madre soltera como para también enfrentar rechazo por su color piel. La lista de candidatos se reducía hasta que tuve una idea descabellada. Un hombre casado.

¡Un hombre con compromiso no quiere compromisos! La idea era perfecta, pero ¿qué hombre casado y blanco se acostaría con una virgen que buscaba embarazarse? Mi hermana había logrado salir. Yo también tenía que lograrlo. Nuevamente ahí estaba la respuesta. El cuñado de mi hermana. Era un hombre blanco y tenía pareja. Lo estudié, lo pensé, lo calculé. ¡Era perfecto! Él engendraría mi futuro.

Rigoberto era un buen muchacho. Algo mayor que yo. Su novia vivía al final de mi calle así que pasaba frente a mi casa cada tarde cuando la visitaba. Ya había compartido con él antes. Era mujeriego y eso le causaba problemas con su novia. Mi amiga Sofía era hermana de Rigo. Ella no soportaba a la novia así que le servía de tapadera en sus andanzas. Era presa fácil. Detallé mi plan y no tardé en ejecutarlo.

Cada tarde me sentaba en el balcón de mi casa con el objetivo de esperar a Rigoberto. Siempre que pasaba me saludaba y pronto se hizo costumbre hablarme de su relación inestable. Luego se iba a ver a su novia casi esposa. Él no sospechaba que sería una pieza clave de mi futuro. Con los días, pasé de amiga a confidente. Lo escuchaba detenidamente sacándole provecho a la información. Llegó el momento en que ya se quedaba a platicar conmigo y no llegaba a ver a su novia-esposa celosa. Era cuestión de tiempo para que mordiera el anzuelo.

Una tarde, Rigo me dijo que se marcharía a Estados Unidos en busca de mejores oportunidades. Tenía que asegurarme que me embarazara antes de irse. Sabía que una vez allá ni se acordaría de mí. Yo me mudaría a cualquier estado menos al de él. Así que me apuré a coquetearle. Llegaba a mi casa más no a la de su novia casi ex. Solo necesitaba la oportunidad. Creo que el destino siempre estuvo de mi lado. Un baile se aproximaba.

Yo tenía prohibido los bailes. Era imposible pedirle permiso a mi padre. Una sola vez lo hice y me corrió por tan solo preguntar. Estuve varios días en casa de una amiga y fue mi hermano Beto quien me trajo de vuelta. Él era muy protector y jamás me desamparaba. Siempre tuve su apoyo, aunque nunca le conté mi plan con anticipación. Ni mi amiga Sofía tenía idea de lo que estaba por ocurrir.

A pesar de la rigidez de mi padre, nunca me perdí ningún baile. Mamá siempre me solapaba y me iba a bailar a costillas de sus desvelos. Ella pensaba que era injusto que perdiera mi juventud encerrada. Esa noche me solapó sin saber que yo daría la estocada que necesitaba.

En el baile las miradas se entrecruzaron. La danza, la complicidad, el calor, la tentación terminaron en la oscuridad del camino mientras me deshice de la virginidad. Al concluir, la culpa no me azotó como les ocurre a las vírgenes. Yo tuve tiempo para calcularlo y todavía no me arrepiento.

Deseaba mucho estar embarazada. Mi intención nunca fue meterme en esa relación. Solo quería un hijo. Si ellos regresaban a su relación voluble, plagada de celos e infidelidades o si la ruptura era definitiva, no era de mi incumbencia. Ellos podían seguir sus vidas como decidieran. Solo quería que Rigo se fuera para que no presenciara mi futuro embarazo.

Esperé y esperé hasta que llegó la fecha más no el periodo. Era una buena señal. Tenía que estar embarazada. Fui a revisarme pues no quería llevarme una desilusión. Al regresar del médico me senté a hablar con mi mamá. A ella fue a la única persona a quién le confesé que me quería embarazar. Cuando le platiqué se quedó un rato en silencio y después lo aceptó con estas palabras. "Le diga lo que le diga, usted va a hacer lo que quiera. Es muy terca. Ya veremos cómo le decimos a su padre..."

Esperé un buen momento y le conté a Beto que planeaba embarazarme solo por cumplir el deseo de ser madre soltera. Se enojó porque esa no era la salida correcta. Me dijo que él siempre estaría allí para ayudarme por lo que no tenía necesidad de hacer esa locura. Lo que no sospechaba era que ya estaba esperando ese motor de vida.

Mientras tanto, yo gestionaba la casita y apartaba dinero para sacar mi pasaporte y el de mi hijo. Los días pasaban y todo iba cayendo en su lugar. El padre de la criatura se marchó y poco después recibí la aprobación de la casita. Por lo tanto, había llegado el momento de hablar. Solo faltaba que mi padre me corriera para comenzar mi nueva vida. Ya tenía cuatro meses de embarazo cuando le confirmé a Beto mi estado. Se enojó al principio, pero por eso estaba todo hecho, para que ya no quedara más que seguir adelante.

Estaba preparada para que mi padre me corriera. Quería comenzar mi vida fuera de su techo. Fuimos al comedor. Mi mamá, que estaba sirviendo la cena, me vio sentarme al lado de la silla vacía de papá. Beto se quedó parado cerca de mí. Mi madre intuyó lo que pasaría. Bajó su mirada y colocó las tortillas calientes sobre la mesa. En un instante mi padre entró y sin decir nada se sentó a la mesa ya lista. Allí estábamos los cuatro, dos esperando lo peor, yo lista para hablar y mi padre sin sospechar. Estaba nerviosa y me sudaban las manos. "Ya no hay vuelta atrás, es ahora porque ya mañana tendré una nueva vida", me repetía para calmar mis nervios.

-Papá, tengo que decirle algo – titubeé por un momento

-Diga - contestó mientras agarraba una tortilla y la llevaba a la boca.

- Voy a ser madre soltera.

- ¿Qué has dicho? - contestó mi padre levantándose de la mesa.

Vi su ira en los ademanes de su cara. Su mirada penetrante quería matarme. Sabía que me pegaría, pero mi hermano se paró justo detrás de mí con los brazos cruzados. Todos le temían a mi padre, pero Beto era el único que se atrevía a enfrentarlo.

Mi padre levantó la mirada y se dio cuenta que Beto ya sabía. Miró a mi madre que estaba hecha un saco de nervios y también supo que estaba enterada. Mi padre dio un paso hacia al frente, acercándose a mí sin quitar la mirada fija hacia mi hermano. Beto también dio un paso hacia al frente acercándose más a mí. Quedé sentada en medio de ellos dos. Mi padre estaba probando el terreno. Supo que su hijo no permitiría un golpe. Más se enojó el agresivo padre quien tenía ambos puños apretados. Lanzó a la mesa la tortilla a medio morder y se largó más enfadado que nunca. Justo cuando alcanzó la puerta se volteó y me gritó con toda la furia de su ser. "¡Se larga hoy mismo y jamás vuelva por aquí! ¡Esta ya no es su casa!", dijo mientras dejaba la cocina a sus espaldas.

El peor momento había pasado. No hubo palizas gracias a mi hermano. Le arruiné la cena a mi padre, pero obtuve lo que quería. Ya podía empezar una nueva vida. Todos respiramos una vez mi padre salió de la cocina. Le agradecí a Beto por acompañarme en ese momento tan tenso y me dispuse a recoger mis cosas para irme esa misma noche.

- No se vaya, hija. Ya se le pasará - dijo mi madre con dolor en la mirada.

- Estoy lista para irme.

- No lo haga por usted. Hágalo por mí. No voy a estar tranquila. Aquí la podré cuidar y asegurarme de que está bien. No se vaya.

Las lágrimas de mi madre y su angustia me quebraron el corazón. Fue muy doloroso ver su sufrimiento. Mi intención no era lastimarla sino encontrar una nueva vida. Ya tenía mi motor de vida dentro de mí y un techo donde vivir, pero la inesperada reacción de ella me movió el mundo.

-No se preocupe. Voy a estar bien.

-No, hija. Hágame caso y quédese. Él no la va a molestar. Hágalo por mí.

Veía las lágrimas de mi madre rodar por sus mejillas ya maltratadas. Pensé que este sería un dolor que no aguantaría. Ya había perdido a mi hermana que solo veía de vez en cuando y ahora me perdería a mí. Sabía que era mucho para ella.

-Está bien. Me quedaré por usted, para darle tranquilidad.

-Gracias, hija. Le prometo que estará bien.

Esa noche me fui a la cama con tristeza. Mi madre me partió el alma. Le prometí quedarme así que tuve que renunciar a mi casa y a mi independencia. El sacrificio era válido. Ella era la mujer que me dio la vida, quien me apoyó y escuchó.

Valía mucho y no tenía culpa de las acciones de mi padre. Mi mamá tenía la mentalidad de aguantar al marido y quedarse en la casa porque ese era su único lugar en la vida. Yo no estaba dispuesta a eso.

Desde ese día mi padre no me habló. Era lo mejor para evitar problemas. Continué mi vida contenta. No me arrepentía de nada de lo que había hecho. Pronto me marcharía a Seattle, ciudad que solo en enciclopedias había visto. ¡Por fin tenía ganas de vivir!

Mi embarazo fue normal y sin complicaciones. Mi papá no me perturbó. Me la pasé esquivándolo para llevar la vida en paz mientras mi motor de vida se hacía notar. Disfruté cada etapa de mi embarazo. Mi vida ahora tenía sentido y pronto llegaría a la independencia anhelada. Mi mamá pensaba mucho en el que dirán y tuvo que lidiar con eso. A mí no me importaba, era mi vida y mi felicidad.

No faltó la interrogante. Sofía varias veces me preguntó quién era el padre. Yo solo le decía que todavía no revelaría el nombre. No me importaba decirlo, pero Sofía era la hermana de Rigo y este bebé era solo mío.

La madrugada del parto llegó. Ni mi madre ni yo sabíamos manejar así que tuve que despertar a mi padre para que me llevara al hospital. Entre nerviosa y emocionada caminé hasta su habitación que todavía estaba oscura. No sabía qué esperar de él pues desde que le di la noticia no nos hablamos.

-Papá, ya es hora. Va a nacer mi bebé - Mi padre abrió los ojos. Por un segundo no supe que hacer.

-No se preocupe, mija. Ahora despierto a su mamá para que la acompañe al hospital. Vaya a cambiarse - Mi papá siendo taxista me mandó al hospital caminando con dolores do parto.

Me fui a cambiar rápido y regresé por mi madre a su habitación. Ya estaba lista y mi padre estaba en pie con la puerta entreabierta. De repente escuché a mi padre decir algo que no podía creer. "Ese bebé va a ser de nosotros, no como la niña de María que solo te la traen a ti de vez en cuando". Mi padre estaba aceptando mi criatura. Después de todo su coraje y su vergüenza estaba aprobando algo inaceptable. Me llenó de alegría oír sus palabras, pero él no imaginaba el plan completo. No sabía que tan pronto tuviera nuestros pasaportes me mudaría a

Estados Unidos y así fue. No de la manera en que pensaba, pero llegué al norte.

El parto fue excelente y me recuperé pronto. Mi familia recibió a mi hija con todo el amor del mundo. Tan pronto pude, gestioné en secreto los pasaportes. Yo estaba decidida a tener una mejor vida fuera de México. Tenía que llevarla a donde hubiera mejores oportunidades. Esa era mi meta y la cumpliría, aunque me llamaran terca.

Muchos vinieron a ver a mi hija. Entre ellos Sofía. Primero vino sola. Luego trajo a su familia. Ellos comentaban entre sí y finalmente Sofía lanzó la pregunta: ¿Quién es el padre? Era muy claro. Mi hija y Rigo eran dos gotas de agua. Era un hecho innegable y nunca conté con ese detalle. Seguí manteniendo el secreto. Solo necesitaba los pasaportes para irme, pero era un trámite muy tardado. Sofía visitaba la niña con frecuencia. Sé que lo sospechaba. Finalmente, cuando la niña cumplió seis meses le dije que su hermano era el padre. Se alegró mucho. Pensé que no habría ningún problema porque Rigo estaba lejos y tenía pareja. Además, yo pronto me marcharía a otro estado.

Días más tarde, mi madre me dijo que tenía una llamada. Levanté el teléfono y reconocí esa voz que hacía más de un año no escuchaba. Lo primero que pensé fue defender a mi hija. Rigo me preguntó si era cierto que tenía una hija de él. ¿Para qué negar lo innegable? Le expliqué que nunca hablé porque quería a mi hija solo para mí. También le aclaré que no tenía planes de intervenir en su vida por lo que podía continuar con su pareja. Pero me llevé una sorpresa. Ellos habían tenido una ruptura definitiva. Ella estaba en México y él en Estados Unidos, y me pedía una oportunidad. Fue un no rotundo. No necesitaba de ningún hombre y ya tenía mi vida planificada.

Le conté a mamá. Por supuesto, me pidió que lo pensara. No le gustaba la idea de que me fuera lejos, pero quería que su nieta se criara con su padre. Ella merecía la oportunidad de tener una familia normal. Yo me rehusaba. La imagen que yo tenía de un padre no era la mejor. Mi madre me pidió que lo pensara porque no todos los hombres eran iguales. Además, si de todos modos me iba a ir a Estados Unidos con quién mejor que con el padre de mi hija y volvió a decirme aquella frase que me ablandaba el corazón. "Voy a estar más tranquila si usted está con él. Hágalo por mí".

No quería dejarla morir de preocupación. Pensé las cosas y nunca llegué a Seattle. Entonces le dije que sí a Rigo, pero no sin antes dejarle claro que si no funcionaba me iría a cualquier lugar menos con él. Le advertí que no quería maltratos ni borracheras y le exigí una vida decente para mi hija. De lo contrario me marcharía. Él aceptó mis condiciones. Me tenía que hacer a la idea pues no era lo que quería. Solo lo hacía por complacer a mi madre.

Con el pasar de los meses la idea de tener a alguien en mi vida comenzaba a agradarme. Ya mi hija había cumplido su primer añito de vida cuando finalmente llegaron los pasaportes. Empaqué de inmediato y se lo comuniqué a Rigo. No llevaba mucho porque él nos iba a comprar todo allá. Solo llevé una maleta grande. No le dije nada a mi padre. Sabía que se opondría y ya estaba encariñado con mi hija. Nunca lo había visto así. Me asombraba ver cómo un hombre tan frío podía derretirse con la mirada de mi hija. Separarlos sería duro y yo no quería que nada empañara mi felicidad. ¡Fui egoísta, muy egoísta! Mi familia amaba a mi hija. Se había convertido en la alegría de la casa. Ella hubiera sido feliz allí, pero yo tenía que cumplirle y llevarla a un lugar de oportunidades. Ella lo merecía.

Esa tarde me puse una falda floreada que me gustaba mucho y tacones porque quería verme guapísima. Preparé a mi niña y caminé a la parada de autobús con mi madre. Al fin llegó el momento que ansié por tanto tiempo. Olvidé observar el semblante de mi mamá, era más fuerte el anhelo que ignoré sus expresiones. Ahora que tengo hija y nietos pienso que fui fría y poco cariñosa. Ese día no vi sus lágrimas. Solo recuerdo que me despedí alegre. Estoy segura que lloró y no la vi. Sé que sufrió y no lo noté. Fui egoísta pero no me di cuenta hasta después. Ella se encargaría de decirle a mi padre que me había marchado con mi hija. Nunca supe su reacción. Le dejé ese problema a ella.

Fueron diecisiete horas de viaje. Pasamos por muchas ciudades y solo veía las ansias de llegar al lugar que me esperaba. Se me hizo eterno. Mi hija dormía, despertaba, dormía y despertaba. ¡Hasta que por fin llegué a la frontera!

Sentí ansiedad, pensé que me iban a poner muchos obstáculos. Sabía que esa era la parte más difícil del viaje porque revisan todo. Fueron minuciosos. Yo dudaba de poder pasar. A pesar de eso, no hubo problema, respiré. El camión siguió su rumbo hasta el destino final. A mis veinte años, llegué a Houston, Texas, quién sabe qué día del mes de agosto de 1986. El clima era un infierno. No se comparaba en nada con la fría sierra mexicana. Todo era diferente. Ya no estaba en un pueblito entre mexicanos, menonitas e indios tarahumaras. ¡Estaba en el país de las oportunidades!

Lo que me atraía de aquí era la independencia y la manera abierta de pensar. Ese era mi sueño americano. Salir de la opresión y el machismo de mi padre. Verme libre y tener oportunidades. Me gustaba la idea de explorar un país y un idioma diferente. Imaginaba ciudades grandes con mucho tráfico y así fue, tal como lo que esperaba. Me gustó mucho lo que vi desde la frontera hasta Houston. Rigo me esperaba en la central camionera.

Allí se dio nuestro primer encuentro después de aquella noche que dejó secuelas. Lo busqué con mis ojos desde la ventana del camión. Cuando lo vi sentí emoción. Lo adopté en mis sentimientos. Supe que tenía la disponibilidad de hacer una nueva vida con él. Sabía qué tolerar y qué no. Tenía claras las reglas del juego. Esa era la ventaja de no estar enamorada, pero dispuesta.

Lo perdí de vista por un segundo, pero al bajarme lo volví a divisar. Ambos sonreíamos sonrojados. Cuando estuvimos uno al frente del otro nos abrazamos. Fue emocionante sentir al hombre a quién me entregué. Tenía en frente de mí a mi amigo, a quién estudié por un tiempo, al hombre que elegí como padre de mi motor de vida. Ahora entraba en una faceta que, aunque nunca esperé vivir, sentía que podía funcionar. Estaba dispuesta a darle una oportunidad al amor, cosa que meses antes no hubiera considerado.

Me llevó a vivir a un departamento que rentaba con un amigo y me prometió que pronto nos mudaríamos solos. No fue así. Duramos tres meses en Houston viviendo apretados en ese lugar. No hallaba las horas de tener mi propio techo. Un día me dio una inesperada noticia. Se acabó el trabajo y solo le quedaban cien dólares. Me dio a escoger si nos regresábamos a México o nos íbamos a buscar trabajo en Dallas. Mi contestación fue clara. ¡Nos vamos para Dallas! No había esperado tanto para volver en tres meses. Diecisiete horas en un autobús con una niña en brazos no iban a ser en vano. No podía dejar escapar mis sueños. Tenía una hija que me empujaba a luchar y a buscar una mejor vida. No estaba dispuesta a retornar. Quería oportunidades, estudiar, trabajar y criarla con mejores horizontes. No iba a regresar así me tuviera que quedar sola.

Siempre tuve la motivación de separarme de mis padres y ser independiente. Pensaba erróneamente que mientras les pusiera distancia a los seres queridos menos sería el dolor cuando los perdiera, pero no es cierto. Se sufre la pena, pero todavía en ese momento no lo sabía.

Nos fuimos para Dallas. Rigo consiguió trabajo en la construcción. Nos mudamos a un departamentito barato. El lugar estaba horrible, pero no me importaba. No teníamos ni siquiera para una carriola así que un día me robé un carrito de compras de un supermercado. Allí llevaba a mi hija cuando iba a lavar ropa. Era un alivio pues no podía con la ropa, el detergente y la niña. Para ella, meterse al carrito era una fiesta, pero no todo fue celebración. Rigo comenzó a tomar. Prometió que cambiaría y no lo hizo. Si no hubiera tenido conmigo a mi motor hubiera sido una esposa sufrida y conformista. No estaba dispuesta a aceptar sus borracheras cada día de mi existencia. Mi motorcito estaba allí, sonriendo, dándome fuerzas para una mejor vida. Otra vez fui calculadora y no me arrepiento. Hice amistad con la vecina y comencé a buscar trabajo.

Cada noche Rigo llegaba borracho. Yo le advertía que si no cambiaba me marcharía con mi hija. La historia se repetía una y otra vez. Pasaban los días y yo seguía buscando trabajo y fomentando mi amistad con la vecina hasta que un día apareció un empleo. Trabajé en un invernadero cuidando plantas. Mi vecina se quedaba con mi hija mientras iba a ganarme el pan. Yo estaba clara en mis metas. Jamás le daría a mi hija un mal padre. Había salido de esa vida y no le iba a dar una igual a ella. Además, estaba en el país de las oportunidades. No estaba dispuesta a vivir una vida mediocre. Tan pronto pude, renté un departamento y me fui sin decirle nada. Ese día, Rigo llegó y encontró soledad. Comprobó que mis amenazas eran serias. Se desesperó, buscó a la vecina, me buscó, pero ni mis luces encontró.

No se quedó de brazos cruzados. Una tarde me siguió. No tenía idea de quién tocaba a mi puerta. Hubiera esperado a cualquiera menos a Rigo. Me imploraba una oportunidad. Dudé por un momento, pero decidí dejarlo entrar a ver la niña. Nos sentamos a hablar. En ese momento sentí que merecía saber cómo fue realmente todo. Le relaté lo que viví durante mi infancia y mi adolescencia, y ya que estaba siendo sincera me aventé a contarle cómo lo escogí para padre de mi hija. Pensé que me odiaría, pero no me importaba. No había un papel que nos uniera ni necesitaba un hombre para sobrevivir. Le expliqué cada detalle, desde las tardes en el patio hasta rentar ese departamento que ahora era mi techo y el de mi hija.

Me escuchó detenidamente sin interrumpir. Pensé que al terminar se levantaría enojado. Estaba segura de que me reclamaría por usarlo, pero permaneció callado. Estaba asimilando la historia. Acepté varias veces ser calculadora. Tal vez para alejarlo o porque en el fondo sabía que lo había sido.

"Te admiro". Pensé ensordecer por un instante. Le acababa de confesar que lo había utilizado, que nunca tuve planes de que conociera a nuestra hija y que podía hacerlo todo en el mundo sin él. Le dejé claro que no permitiría que nadie interfiriera en mis planes. Su actitud me desarmó.

"Te entiendo. Por esa razón tu hermana María se fue. Admiro que hayas tomado la decisión de enfrentarte sola a un país con tal de defender el futuro de nuestra hija. Te prometí que les daría una vida decente y no cumplí. No soy quien para interferir después que has pasado por tanto. Te pido disculpes mis errores y me des una oportunidad. No supe lo que era tener un hijo hasta que estuvimos juntos. No lo quiero perder ahora que lo tuve. No volveré a fallar".

No podía creer lo tranquilo que estaba. Si él fuera mi padre me hubiera pegado por salirme de la casa. Estaba ante un hombre diferente, un hombre comprensivo que deseaba establecerse. Yo quería un hogar para mi niña, con o sin él. Le dije que lo pensaría. Mientras pasaban los días miraba a mi hija jugar tranquila, ajena a todo, pero un día crecería y entendería lo que ocurre a su alrededor. Era mi responsabilidad hacer lo que era mejor para ella.

Días más tarde, llamé a Rigo para decirle que le daría una última oportunidad. Si los problemas de alcohol continuaban yo me desaparecería, pero esta vez para siempre. Lo prometió y ofreció cambiarle el apellido a la niña y casarse conmigo. No quise. Para dar ese paso necesitaba estar segura de que él estaría ahí para nosotras, que sería padre y cabeza de la familia. De lo contrario, no tenía razón para casarme ni cambiarle el apellido a mi motor de vida. Además, no lo amaba.

Mi madre se alegró que todo estuviera bien entre nosotros. Nos comunicábamos cada vez que podíamos. Le daba gusto saber que cumplí mi sueño de ser mamá y logré vivir en un hogar diferente al que crecí. Vivía en una ciudad grande y era más libre que nunca. Estaba logrando mi sueño americano.

Rigo no dejó de tomar por completo, pero jamás volvió a emborracharse. Con el tiempo, llegó el varoncito a complementar mi alegría. Al fin lo tenía todo. Un trabajo, un hombre que me respetaba, dos hijos maravillosos y un hogar. Aunque económicamente no estábamos muy bien, ya no había vacío ni estaba hundida. Me sentía dichosa. Comenzamos a gestionar los papeles para legalizarnos. Todo marchaba bien hasta aquel día que recibí una llamada.

-Sara, mamá está en el hospital. Debes venir- Mi hermana jamás llamaba. Supe que algo grave ocurría. ¿Qué podría ser?

-Cáncer terminal. Sara, mamá tiene cáncer- Me costó entender lo que dijo. Fue como si lo hubiera dicho en otro idioma. Tardé en reaccionar.

-Sara, ¿estás ahí? ¿me escuchas? - oía la voz de María muy lejos. No podía responder.

-Bueno, Sara, ¿estás ahí?

-Sí, sí, aquí estoy. ¿Está bien?

-No, Sara, los doctores dicen que le queda poco de vida. No sabemos cuánto. Necesitas venir.

Mi vida se derrumbó. Me preguntaba si lo había soñado, pero me acordaba claramente de la conversación. No podía salir del país. Estaba solicitando mis papeles. Me encontré entre la espada y la pared. Si no iba, me arrepentiría de haberla perdido para siempre sin verla, pero no corría el riesgo de perder mi residencia. Ya el proceso de documentación había comenzado. ¿Qué hacer?

Desobedecí las leyes y crucé a México. Habían pasado cinco años sin mirarla. Era justo que viera a sus nietos, aunque me costara perder mis papeles. Además, no conocía al varoncito. Pedí permiso en mi trabajo y nos lanzamos a México así no pudiéramos regresar a nuestro hogar. Llegamos después de quién sabe cuántas millas de angustia.

Estuve a su lado un mes. La vi sonreír, disfrutar sus nietos y de mí. Fui al hospital todos y cada uno de los días. Comí con ella, recordamos momentos bonitos, le conté como era mi vida en Dallas, fuimos felices durante esos días. Hablamos sin prisa. Le pedí perdón por sus lágrimas, por dejarla y por ausentarme tanto tiempo. Me pidió solo una cosa.

-Cásese, haga una vida como Dios manda. Cásese con el padre de sus hijos que ha demostrado ser un buen hombre. Ya ha pasado suficiente tiempo.

- ¿Por qué se preocupa por eso? Todo está bien así. Mis hijos tienen un padre y una madre. Tienen un hogar y son felices -y volví a escuchar esa frase que suavizaba mi corazón y me hacía ceder. Hacía cinco años que no me la decía y he aquí otra vez las palabras que me hacía cambiar de postura.

-Cásese. Deme ese gusto. Solo quiero lo mejor para usted. Deles el apellido a sus hijos. Usted merece ser la señora. Hágalo por mí.

Nuevamente allí estaba frente a mi madre, escuchando una petición que no había aceptado años atrás. Jamás dudaría que quería lo mejor para mí. Me dejó volar lejos a mi modo sin interferir. Sobrevivió al sufrimiento de ver cómo me marchaba y alejaba a su nieta de ella. La dejé con el problema de enfrentar a mi padre con la noticia de mi partida. Todo lo que me pedía siempre era lo mejor para mí. Me pidió que me fuera junto al padre de mis hijos aun cuando estaba decidida a no hacerlo. Resultó ser una bendición. Un gran padre, un hombre que aprendí a querer y respeto. Ahora tenía una última petición antes de morir, verme casada.

Todas las madres quieren ver a sus hijas crecer como mamás y disfrutar de los nietos. Se lo debía. ¿Qué no hizo ella por mí? ¿Cómo negarle un último deseo en su lecho de muerte? Le respondí que sí. La vi alegrarse. Esa es la imagen que quiero recordar. El tiempo se nos acababa a las dos. Ambas teníamos que irnos. Marcharíamos a lugares diferentes. Ella nunca había estado en el lugar al que yo iba ni yo nunca había estado en el lugar al que ella iba. La despedida fue dura, pero yo tenía que regresar y ella tenía que irse. Si hubiese sabido el día exacto de su partida hubiera retrasado mi viaje, pero los designios de Dios son impredecibles.

Lloré todo el camino de regreso. Me consolaba repitiéndome mis pensamientos de juventud. Mientras más lejos estés del ser querido menos duele su muerte. Nada más lejano a la realidad. Se sufre igual. Al llegar a Dallas, buscamos fecha para el casamiento. Boda que mi madre jamás vería. Exactamente un mes más tarde falleció. Regresé a Chihuahua a enterrarla con el alma hecha pedazos y con peligro de no obtener mis documentos. Ella valía ese riesgo. Su tiempo de vida luego del diagnóstico fue demasiado corto. El mes que compartí con ella lo fue aún más. Había perdido a quién fue mi confidente, mi apoyo fiel, mi ángel de vida. Tuve que despedirme por última vez y volver a ese largo camino de lágrimas sin consuelo.

Al regresar a Texas nos casamos. Fue una ceremonia pequeña. Al final, el consejo de una madre siempre es innegablemente el mejor. No me arrepiento de haber aceptado a mi esposo como compañero de vida y padre de mis hijos. Mi madre sabía que lo haría todo por ella. Por eso siempre me lo pedía así. Sabía que el corazón de una mujer pertenece a sus hijos y el de sus hijos a sus madres.

A fin de cuentas, ¿qué no haría una hija por una madre? ¿Qué no haría una madre por un hijo?

Hoy estoy en paz conmigo misma porque cumplí con mis retos. Salí del cascarón y le di lo mejor a mis hijos. Cumplí como hija, como esposa, como madre y estoy cumpliendo como abuela. A pesar de los tropiezos enfrentados, pedí perdón en la corte y logré legalizarme. Me siento plena y en paz.

Hace treinta y un años que vivo en este país que ha sido el hogar de mis hijos. Después de tanto tiempo, quedo tranquila en todos los aspectos y agradecida con Dios por permitirme tener el coraje que necesitaba para salir adelante y por premiarme con mis motores de vida y por el ángel que me dio. No cambiaría nada y hasta el último día de mi vida seguiré afirmando que mis hijos son mi motor de vida, pero ella fue y siempre será mi ángel de vida.

México

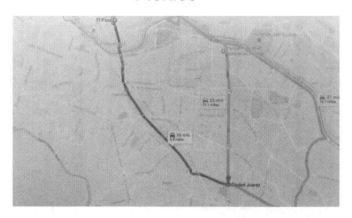

Denisse vive con su esposo e hijo en una ciudad cercana a Dallas, Texas. Está culminando una maestría en Educación Bilingüe y expresa la experiencia de ser bebé ancla de la siguiente manera: "Un ancla se define como un objeto amarrado a una cuerda o cadena utilizada para prevenir que un barco se vaya. Traduce eso a una persona: esa soy yo, excepto que mi propósito era abrir nuestras posibilidades para venir a EE. UU."

Historia de un bebé ancla

Nací en junio de 1989. Dos meses antes de mi nacimiento, mi mamá cruzó el puente internacional Córdova América que une a México con Estados Unidos para darme a luz en El Paso, Texas. Durante esos meses, permaneció con mi abuela quien es residente americana gracias a una amnistía.

Cuando la fecha del parto se acercaba, mi mamá se movía a una casa de nacimiento. Esto es un lugar donde las madres tienen a sus hijos con parteras. Allí duraba tres días y regresaba a Ciudad Juárez, Chihuahua con un hijo americano. Soy la tercera de cinco hermanos y la única niña de la casa.

Para esa fecha, era muy común que las madres que poseían una visa cruzaran para tener sus bebés en Estados Unidos. Esto aseguraba un hijo americano, y por ende, una mejor vida. A los niños que nacemos de esta manera nos etiquetan como bebés anclas, pues de ser necesario, anclamos a la familia en el norte. Nada más lejos de la realidad que nos tocaría enfrentar.

Viví toda mi vida entre dos países y siempre estuve consciente de eso. Los fines de semana cruzábamos el puente para ir de compras a El Paso. Sabes cuando estás en México y cuando estás en Estados Unidos. Es imposible confundirlos, pues a pesar de que están uno al lado del otro son países totalmente diferentes.

Juárez está inundado de semáforos, hay mucho tráfico y baches en las calles. Los carros son más viejos y el aire gris delata la contaminación. Puedes hacer tus diligencias caminando pues en cada esquina hay puestos donde consigues de todo. Allí los niños siempre juegan en las calles.

Al cruzar al otro lado, todo se ve distinto. Te abrochas, usas las direccionales y te cuidas de la policía. En El Paso tienes que ir a cadenas de tiendas, al centro comercial y viajar en carro. Las calles son *freeways* y están limpias y despejadas. Aunque el tráfico pierde la agresividad, su paisaje no incluye niños jugando en las inmensas avenidas.

Tuve una niñez muy feliz hasta que cumplí diez años y terminé el quinto de primaria. Mis padres se sentaron a hablar con nosotros una semana antes de finalizar las clases.

-Niños, despídanse de sus amiguitos el último día de clases porque el próximo año no van a estar en la misma escuela.

- ¿Por qué?

- Tienen que aprender inglés. Es lo mejor para ustedes y para su futuro- nos aseguró mi papá.

-Pues, ¿por qué no nos ponen en clases particulares de inglés? - propuso uno de nosotros.

La decisión ya estaba tomada. Nos cambiaríamos de escuela para aprender inglés, y como es común en nuestra cultura, no se cuestiona al padre. Eso es una falta de respeto. Mi papá fue muy estricto, típico macho mexicano. Nosotros podíamos sugerir, pero lo que decía mi papá se hacía. Así que con tristeza nos despedimos de nuestros amigos sin sospechar que la nueva escuela estaría fuera de Juárez. Pasamos todo el verano disfrutando de los juegos callejeros, pero justo una semana antes de empezar las clases se nos terminó la sonrisa. Nos sentaron y nos dijeron:

-Niños, ustedes nacieron en Estados Unidos y tienen que aprender inglés. Necesitan familiarizarse con la cultura americana. Asistirán a una escuela allá.

- ¡Noooo! - nos resistimos. Lo veíamos como algo innecesario.

- ¡Métanos en clases de inglés! -dijo mi hermano.

Al principio tenía miedo. Me imaginaba haciendo señas para comunicarme con los niños. Quería llorar porque pensé que estaría muy sola. También tenía mucha incertidumbre. Cuando esto ocurre, te enojas pues pasas cinco años de tu vida haciendo la misma rutina con tus amistades y de repente te cambian la vida.

Mi hermano mayor se salvó de estudiar en El Paso porque fue el único que nació en México. Así que, desde el segundo hijo en adelante, tuvimos que estudiar al otro lado de la frontera. Nos chocaba la idea de dejar a nuestros amigos. No hubo suplica, excusa ni razón que suavizara la postura de mi padre y nos mandó derechito a la escuela americana sin nosotros querer ni entender. Esto nos alteró la niñez y la vida por completo.

Vivíamos a solo veinte minutos del puente, pero eso no hacía gran diferencia. Nuestro horario cambió y las mañanas y tardes se hicieron pesadas.

Nos levantaban a las cinco de la mañana porque teníamos que hacer fila para cruzar. Del otro lado, nos recogía una señora que nos dejaba en la escuela.

En las mañanas mi papá nos llevaba y en las tardes mi mamá nos recogía. Cada viaje tomaba una hora y media. Recuerdo que hacía la tarea mientras esperábamos en la interminable fila de carros. Así fueron mis días desde sexto año. Sentía que gastaba la mitad del día solo viajando. Era muy agotador porque no estábamos acostumbrados a madrugar tanto. El sueño nos vencía en el camino. Con el tiempo nos empezamos a acostumbrar a la rutina y aprovechábamos ese tiempo con nuestros padres. La costumbre no llegó de inmediato, pero arribó.

Para mi asombro, el ochenta por ciento de los estudiantes de mi escuela vivían en Juárez y estaban en la misma situación que nosotros. Nos entendían porque pasaban por lo mismo. Eso nos ayudó mucho a no sentirnos solos. El sistema educativo americano es muy diferente al mexicano. No estaba acostumbrada a que sonara la campana y cambiáramos de maestro. En México, el mismo maestro enseña todas las clases, menos inglés que era una clase muy básica, igual a nada.

Durante el día, no veíamos la hora de volver a Juárez. Queríamos jugar con nuestros amigos, pero al llegar a la casa estábamos tan agotados del viaje que ya no salíamos. Por años le rogamos a mi papá que nos dejara en la escuela de Juárez, pero siempre nos decía que un día íbamos a querer hacer nuestra vida en Estados Unidos.

Así que toda mi vida estuve en el vaivén de dos mundos. Al llegar a la preparatoria, ya nuestros papás no nos llevaban ni nos recogían. Caminábamos el puente tostándonos bajo el sol. Era una vida muy frenética y transitada. Llegábamos y regresábamos agobiados. Luego del atentado del 911, la seguridad en el puente incrementó y la espera se disparó a cuatro horas. ¿Cuál era la utilidad de estudiar tan lejos y llegar con la piel achicharrada?

Con el tiempo, imaginé cómo sería mi vida de adulta. Como otros bebés anclas, viviría en México y trabajaría en Estados Unidos. Ese era mi futuro. Por eso mis padres tomaron esta decisión que tanto odiábamos. A pesar de que no nos gustaba, era lo mejor. Así rinde el dinero, se multiplica por el cambio de moneda y puedes vivir bien. Eso es lo que todos sueñan, ganar en dólares y gastar en pesos. Ya iba entendiendo el objetivo de hacer este sacrificio.

En la universidad, mi hermano mayor, a quien se le dificultaba el inglés porque estudió en México, decidió hacer su carrera en El Paso. Él no estaba acostumbrado a viajar como nosotros así que consiguió un *roommate* y rentó un departamento. Era más cómodo y menos caótico. Todos estudiamos en la misma universidad, pero mis otros hermanos y yo seguimos en la costumbre del viaje perdiendo medio día en la fila. A pesar de los años, seguía siendo agotador.

En Ciudad Juárez siempre ha habido guerra de carteles. Es un mundo muy diferente. Los sicarios se pelean por territorios, pero respetaban a la gente. Si no te metías con ellos no te pasaba nada. En el 2009 comenzó el apogeo de la violencia. Desde ese momento les valió la gente. Se atacaban en la calle sin importar las balas perdidas. Ya no se sabía quién era un sicario, un narco o cualquier persona. La gente moría frente al plato de comida mientras almorzaban en las cafeterías.

También iniciaron la modalidad de cobrar cuotas a los comerciantes. Si no pagas, te queman el negocio, te secuestran o te matan. Se apoderaron de la ciudad. Mi padre, quien tenía una joyería nunca dijo que lo habían amenazado, era muy reservado y no quería preocuparnos. Nos enteramos mucho después. "No quiero vivir aquí", decía repetidamente mi madre. Ella quería que nos fuéramos a El Paso donde era más seguro. Mi papá decía que no tenía problema en mudarse y cruzar el puente todos los días para atender el negocio, pero nosotros nos resistíamos. No nos agradaba El Paso para vivir. Era muy aburrido.

La situación se agravaba cada vez más. El comercio decayó mucho. El negocio no estaba rindiendo y además era peligroso tenerlo. Cada día había más tiroteos, más violencia, más muertos. Las calles de Ciudad Juárez se ensangrentaban. A finales de ese año, y con fuertes amenaza del cartel, nuestros padres nos informaron que en el verano del 2010 nos íbamos a vivir a Texas. "¡A vivir no!", todavía nos rehusábamos.

Teníamos una vida en Juárez. Una casa hermosa, con cinco recámaras, sala, comedor y cuarto de lavado donde habíamos pasado años de júbilo. Éramos privilegiados. Para esa fecha, ya tenía veinte años y cursaba la mitad de mi carrera. La vida en El Paso no me gustaba. En Juárez siempre hay festivales. Fomentan la convivencia familiar con actividades y desfiles. Es muy cultural. Para mí fue un *shock* que El Paso no tuviera nada de eso. Es algo que hace falta allí. Sabíamos que la situación estaba difícil en Juárez, pero nos negábamos a dejar nuestro hogar. El siguiente año, justo el domingo 23 de mayo de 2010, ese sentir cambió como también cambiaron nuestras vidas por siempre.

Mis hermanos y yo éramos *scouts* en Juárez. El cuarto hermano, Diego, era muy querido porque siempre fue servicial. Estudiaba enfermería y ayudaba a la gente en todo lo que podía. Ese fin de semana de mayo, Diego y un amigo se fueron a Villa Ahumada, Chihuahua, para hacer servicio en un campamento. La situación estaba muy fea así que Diego y mi segundo hermano, Felipe, mantuvieron el contacto todo el fin de semana a través de radio teléfono.

Ese domingo yo había ido a comer con Henry con quien llevaba varios meses de noviazgo. Cuando llegamos a mi casa vi a la novia de Felipe, pero él no estaba. De repente, sonó el teléfono. Era el papá del amigo que andaba en el campamento con Diego. Me preguntó que si no sabía de él y de su hijo. Le dije que deberían llegar en un rato. Al colgar sentí que algo estaba mal. Entonces, mi cuñada me dijo que tenía que hablar conmigo.

-No quiero que te alarmes, pero no encuentran a Diego. No saben dónde está.

- ¿Cómo que no lo encuentran? - pregunté extrañada.

-Lo último que supimos es que estaba en la carretera. Felipe y tu papá salieron a buscarlo.

- ¿Dónde está mi mamá?

- Tu mamá se fue con la vecina.

Corrí a la casa de la vecina y pregunté por mí mamá. Me dijo que mami iba a estar allí un rato y que era mejor que me regresara a mi casa. Me regresé con miedo. Sabía que algo me escondían.

Al volver, vi que había mucha gente llegando a mi casa. Un nudo oprimió mi pecho. Todavía no descifraba lo que estaba pasando. Llamé a mi padre. Después de innumerables intentos contestó la llamada. Lloraba descontrolado y no lo entendía. "Ponme a mi hermano", le dije y lo escuché llorar a él también.

No sabemos cuál es la versión correcta. Dicen que, de regreso a Juárez, se encontraron que los narcos habían hecho retenes en la carretera para asaltar a la gente y ellos no se pararon. Otra versión dice que los siguieron porque los confundieron con alguien que andaban buscando. Algunas personas comentan que le querían robar la camioneta. También dicen que su amigo tenía amenaza de muerte. Solo Dios sabe. Sabemos que los narcos los siguieron y los balacearon.

"¡Nos vienen siguiendo! ¡Estoy sangrando! Dile a mi mamá que la amo", fueron las últimas palabras que Felipe escuchó en el radio teléfono. Intentó comunicarse con Diego, pero jamás volvió a contestar. Aunque Felipe no sabía exactamente donde Diego y su amigo estaban, tenía una idea, pues se habían comunicado con frecuencia durante el camino.

Cuando los encontraron, la SEMEFO (los policías que se encargan de levantar los cadáveres de las calles) ya había llegado. El *jeep* en el que viajaban se volcó dando varias vueltas. Mi hermano se golpeó brutalmente la cabeza. Felipe se impresionó al ver a Diego desangrado con la mitad de la cara en el pavimento y baleado. Mi papá no lo vio, pero le tocó entrar a reconocerlo. La imagen fue tan desgarradora que no habla del tema.

Cuando Felipe me dijo por teléfono que Diego estaba muerto me puse histérica. Sentí que ese nudo que me oprimía reventó mi corazón. Corrí a su cuarto a llorar a gritos. Después de un rato, caminé devastada a la sala. Una amiga había llegado y mi cuñada seguía allí.

- Ya sabías, ¿verdad? - le dije.

- Si, pero no sabía cómo decirte...

Mis recuerdos se nublan de ahí en adelante. Las memorias de las situaciones traumáticas no las recuerdo bien. Es como si se borraran. Sé que llegó mucha gente de los *scouts* a la casa. Después me enteré de que a mi mamá se la habían llevado al hospital. En realidad, no estaba con mi vecina como me habían hecho creer.

Dos días más tarde, con mi mamá fuera del hospital y mi papá sin hablar, velamos a Diego. Llegó familia de todos lados. Él era un joven muy querido, buen estudiante, puro, ayudaba a todos. Solo tenía dieciocho años. Ambos eran personas muy dedicadas a servir a la comunidad. Todos estaban consternados. Fue muy público y doloroso. Salió en los periódicos de Juárez y El Paso. Llegaron setenta y tres arreglos florales para él. Hicimos una montaña de flores en el panteón. La gente lo quería.

La familia estaba muy preocupada por nosotros porque a mi hermano le quitaron su identificación con nuestra dirección. Teníamos mucho miedo de que nos buscaran. No nos asomábamos a la ventana ni salíamos. Fueron días horribles. "¡Ya les había dicho que no quería vivir aquí!" nos gritaba mi madre con mucha razón.

Nuestros familiares cercanos nos pidieron que nos mudáramos a El Paso. Todos tenían pavor de que nos pasara algo. Así que el 4 de julio de 2010, aprovechando a que se confundiera con la festividad, agarramos lo más básico y nos fuimos nuevamente al puente internacional. Por primera vez sin regreso a Juárez. Dejamos todo atrás, un hermano, un hijo, un buen ser humano y junto con él, nuestra casa, el lugar de nuestras memorias, todo, para comenzar una nueva vida al otro lado.

Nos fuimos a vivir al departamento que mi hermano rentaba para ir a la universidad. Su *roommate* comprendió la situación y se fue para que nosotros nos mudáramos. Pasamos de una casa de cinco recámaras a vivir seis en un apartamentito de dos habitaciones. Fue un cambio drástico. El dolor fue brutal. Uno de mis hermanos pidió a mis papás para legalizarlos. El proceso toma cuatro meses en los cuales ellos no pueden trabajar ni cruzar a México. Quién los pide los mantiene.

Mi papá entró en depresión, enflacó. Ya no era el roble indomable cuya última palabra era ley. Era una persona totalmente diferente. Ya no había palabras de su parte, solo silencio y lágrimas. Como si no fuera suficiente, la situación era precaria pues mis padres no podían trabajar. Mi hermano y yo solo trabajábamos diecinueve horas en la universidad. Era nada para mantener una familia de seis. Estábamos muy apretados en todos los aspectos.

Cuando llegaron los papeles de mis padres, comenzaron a buscar trabajo. Mi mamá habla inglés por lo que no se le dificultó conseguir un empleo. Para mi papá fue más complicado. Él no habla inglés y no consiguió trabajo. Decidió hacer su propio negocio. Compró un inflable y lo rentaba para cumpleaños. Yo aprendí a pintar caritas y me iba con él a las fiestas infantiles. Así nos ayudamos para salir adelante.

Mientras tanto, mi novio seguía en Juárez. Me dolió dejarlo allá y saber que ya no volvería a caminar las calles de la ciudad con él. Henry tenía una visa de turista vencida. Así que no podía venir a verme. No tuve miedo de perderlo. Estábamos muy unidos y sabíamos que iba a funcionar. Aun así, me lastimó la separación física.

Un año más tarde de la muerte de Diego, me gradué de Lingüística con un *minor* en Traducción e Interpretación. Mi novio pudo cruzar y verme graduar. Seis meses más tarde, el 31 de diciembre de 2012, Henry me llevó a comer a un restaurante italiano en El Paso. Pedimos una botella de vino y me sorprendió proponiéndome matrimonio. ¡Le di el sí!

Lo pedí como mi prometido. Gracias a Dios, no fue complicado. Él buscó todos los papeles que se necesitaban y el 5 de abril de 2013 nos casamos en la corte de El Paso. Al igual que mis padres, Henry no podía trabajar ni pisar Juárez por cuatro meses. En ese tiempo ayudó a mi padre con su negocio que iba creciendo. Él ya rentaba sillas y mesas, además de los inflables. Ya estaba un poco más repuesto de la muerte de Diego. Algunos meses más tarde, Henry recibió una oferta de trabajo, pero no en El Paso. El destino nos llevó a Carrollton, Texas a minutos de Dallas.

Fue un *shock* llegar a Dallas. Sabía más o menos qué esperar porque conocía El Paso, pero no tenía idea del tamaño del *metroplex*. Estaba acostumbrada a un solo *freeway*. Aquí todo es gigante. No sabía que iba a ser una ciudad tan padre. Estaba nerviosa, emocionada por vivir en otra ciudad y empezar desde cero con mi esposo, pero no sabía que iba a extrañar tanto a mi familia.

Al cabo de unos meses, encontré trabajo como intérprete. Fue una experiencia agridulce. Trabajar en Estados Unidos no te asegura éxito profesional. Me sentía hasta cierto punto menospreciada porque el ambiente no era el mejor y tenía mucha carga de trabajo sin buena remuneración. No me gustaba el ritmo de trabajo ni el micro manejo de la compañía. Sin embargo, me ayudó bastante a crecer como intérprete.

Mi esposo estaba buscando trabajo en su área de estudio. Justo cuando la situación en mi trabajo era ya intolerable, él consiguió un mejor empleo. Su nuevo trabajo me dio la oportunidad de renunciar. Me hizo falta trabajar pues no quería quedarme en el departamento haciendo nada, pero Dios me premió con un bebé hermoso que hoy día tiene dos años.

Después de tanta batalla, de ir y venir durante años de un país a otro, ya finalmente estoy establecida en uno. Me duele mucho la razón que nos impulsó a venirnos para Estados Unidos, pero es un dolor al que hay que resignarse. Hoy en día, todos estamos bien. Mis hermanos también se casaron, se graduaron y trabajan. Yo estoy en casa con mi hijo y estudiando en línea una maestría en educación bilingüe. Espero ejercer como maestra cuando mi hijo entre a la escuela y así tener su mismo horario. Mis padres siguen viviendo en El Paso y son dueños de un restaurante de comida mexicana.

Hace poco vendimos la casa en la que vivimos tantos años felices en México. Sabíamos que nunca íbamos a volver a vivir ahí, pero la casa era muy significativa, muy simbólica. Queríamos venderla a alguien de confianza por si en algún momento sentíamos la nostalgia de verla otra vez.

Miro hacia atrás y recuerdo cómo estudiar en Estados Unidos nos cambió la vida. Fueron quince años cruzando el puente dos veces al día.

Manejamos, caminamos, esperamos, pasamos por cotejos y nos quemamos la piel bajo el sol. No fueron años fáciles y lo odiábamos. Siempre estuvimos aquí y allá, pero al final, fue la mejor decisión. Si no fuéramos bebés anclas, no hubiéramos cruzado con la facilidad y rapidez que necesitábamos. Además, no conoceríamos el idioma. No suficiente con eso, tampoco hubiéramos podido pedir a nuestros padres ni yo a mi esposo. Seguiríamos en Juárez, sobreviviendo a la violencia.

Ninguna familia merece perder a un hijo y vivir el resto de su vida con el terror de ser asesinados. Fueron años muy pesados, pero no me arrepiento porque cuando necesité venir, pude hacerlo. Hoy tengo una vida saludable. Se acabó la odisea del puente y el vaivén. Pienso que Ciudad Juárez ha mejorado, pero México en general está muy mal. Tiene gente buena y malos gobernantes.

A veces siento nostalgia al recordar los festivales y los desfiles. Quisiera que mi hijo disfrutara de nuestra cultura. También deseo que crezca entre primos, abuelos y tíos como yo lo hice, pero me tocó estar lejos. Acepto que me siento melancólica al pensar que no le estoy dando esa cercanía familiar, pero al menos le estoy dando una vida tranquila que no podría darle en México. A veces quiero volver a Juárez, pero a la vez no. A pesar de que es una ciudad fea en comparación con Dallas, la familia pesa. Los extraño mucho pero no reniego de estar donde estoy. No sé qué me depara el destino, pero no descarto algún día regresar a El Paso para estar cerca de mis padres y darle a mi hijo una vida en familia.

el Salvador

Daniela vive junto a su esposo y tres hijos en una ciudad cercana a Dallas, Texas. Sus padres continúan viviendo en Canadá. Daniela colabora como cantante y sirve a la comunidad a través de su iglesia y se encuentra en excelente estado de salud.

Mujer bendecida

-No me gusta que Eduardo esté tan metido en la política. Ahora anda en un carro blindado y se pone chaleco antibalas. Eso no está bien.

-Ha ganado mucha popularidad. El pueblo lo quiere. Yo sé que él va a ayudar a los campesinos. ¡Basta ya de que los ricos abusen de los pobres!

-Me alegra que luche por ellos, pero a los grandes intereses no les gusta que su nombre se escuche tanto. Temo que lo maten.

- ¡No te preocupes, mujer! Ya debe estar reunido con los embajadores de Estados Unidos. Con ellos no le va a pasar nada.

- ¿No mataron unos misioneros americanos hace poco? Por eso los gringos nos quieren cortar la ayuda. Estoy muy preocupada por él. En este país nadie está seguro. Es muy peligroso luchar por el bienestar. Uno no sabe si es peor luchar o callar. Las cosas no están bien ni en El Salvador ni en Centroamérica.

- ¡Calma, mujer! Todo va a salir bien.

No recuerdo a mi tío Eduardo. Sé que estaba reunido con dos embajadores americanos en un gran hotel y la gente lo consideraba el portavoz del pueblo. Gracias a él nos fuimos para Estados Unidos, pero no de paseo.

Nací en San Miguel, El Salvador a finales de los setentas. Para esa fecha mi tío ya había entrado a la política. Él siempre trabajó a favor de mejorar la agricultura en nuestro país, pero los ricos les robaban los terrenos a los campesinos. Se necesitaba una reforma.

Con la redistribución de tierras todo cambiaría, pero había mucha desigualdad social para esa época. Los granjeros eran atacados e intimidados. Se violaban los derechos humanos como respirar. Había muertos todos los días. Las masacres civiles se convertían en algo cotidiano. Los niños usaban armas por obligación y no por gusto. Solo el que sobrevive a una guerra civil entiende el miedo que se apodera de tu alma. El Salvador necesitaba un cambio drástico pues la sangre corría como agua en las calles. Muchos de los que se atrevieron a luchar por el bien del país perdieron sus vidas en el intento.

Mi tío estaba trabajando en una reforma agraria con el asesoramiento de dos embajadores para ayudar a los campesinos a recuperar sus tierras y mejorar la producción. Esa noche de 1981 se encontraban cenando en un salón privado de un hotel capitalino. Todos vestían chalecos antibalas pues habían sido amenazados de muerte.

Durante la reunión, un soldado vestido de mesero se acercó a la mesa. A sangre fría y sin el menor remordimiento le disparó a mi tío en el único lugar desprotegido, la cara. La metralleta calibre cuarenta y cinco con silenciador no solo lo mató a él, también baleó a los dos americanos que lo acompañaban.

En mi casa solo se escuchaban llantos angustiosos. Se hablaba de peligro inminente para todos. El asesinato de mi tío sumió a mi familia en riesgo de muerte. La embajada americana ofreció asilo político solo a los adultos. Los padres huyeron de inmediato rumbo a Estados Unidos dejando a sus hijos atrás con los abuelos. Abandonaron el país con lo que pudieron. La violencia separó a mi familia y me quitó la oportunidad, no solo de conocer a un tío que no logro recordar, sino también el poder vivir en mi propio país.

Desconozco por qué no nos dieron asilo a los niños. Mis padres intentaron traernos por la vía legal, pero no pudieron. Una tía nos cruzó a mi hermano y a mí dejando solos a mis abuelos. Fue algo bien difícil porque las cosas que se ven en el camino son terribles. Lo son más para un niño chiquito caminando días y noches en el monte sintiendo el dolor del hambre. No recuerdo mucho la travesía porque tenía cuatro años, pero mi tía me contó que nos tomó un mes llegar. En el camino hay que protegerse de violaciones, asaltos y secuestros.

En uno de esos largos días de caminata nos tuvimos que esconder en un ranchito por varios días mientras pasaba el peligro. El coyote metió treinta personas apretadas en un cuartucho de madera en algún lugar de México. Tuvimos que dormir sentados porque acostados no cabíamos. Pasamos hambre, calor y nos picaban los sancudos. El olor era repugnante. No había donde bañarse ni donde hacer nuestras necesidades. Tampoco había suficiente ventilación y no podíamos hacer ruidos. Fueron días de incertidumbre y desesperación antes de reanudar nuestra travesía.

Sacrificarse para ser violado no es lo que uno desea. Tampoco quieres que te rapten para ser prostituida. La gente centroamericana sufre mucho cuando pasa por México. Los policías se aprovechan, te piden dinero y si no le pagas te arrestan. A veces los coyotes te entregan a los narcos o te abandonan en el camino. Nunca hay garantías. Los narcos llaman a las familias y piden dinero. Si no le dan el dinero te matan. Hay muchos que de verdad no tienen. Uno solo quiere tener una oportunidad de vida. Nadie quiere volver a la violencia y a la tortura que se viven en nuestros países.

El Salvador estaba enfrentando una guerra civil horrible que dejó 75,000 muertos y miles de mutilados. Necesitábamos huir. Era eso o arriesgarse a morir. Cruzar El Salvador, Guatemala y México caminando para llegar a Estados Unidos también era arriesgarse a morir, pero al menos se caminaba con una esperanza de vida, soñando que al otro lado será mejor.

Después de veinte días caminando noche y día, escondiéndonos de las autoridades, rezando para que todo saliera bien y comiendo si se podía, llegamos al otro lado. Estaba muy pequeña cuando mis papás me dejaron y pasó buen tiempo antes de que se rindieran de tanto tratar la vía legal. Cuando los vi, lloraron y me abrazaron, pero yo no sabía qué hacer. Me había olvidado de sus caras. No los reconocía. Debió ser duro para ellos como lo fue para mí. Mi vida comenzaba en un nuevo país sin mis abuelos y con los padres que no recordaba.

Venir fue una gran diferencia. En El Salvador teníamos una casa grande. En Estados Unidos fuimos a dar a un apartamento con familiares y extraños. Venían en la misma situación que nosotros. Para sobrevivir aquí se necesita compartir la renta con muchos. Venir fue como vivir de arrimado, sin privacidad. Pagas, pero nada es tuyo y todo lo compartes. La vida era muy diferente. Mis padres tenían dos trabajos y nunca los veíamos ni compartíamos. Un familiar nos cuidaba. No era la vida de ensueño que muchos piensan.

Cuando empecé la escuela yo era la única hispana. Todos eran americanos y morenos. Todavía no existía el programa bilingüe en aquel entonces. Aguanté mucho racismo por parte de mis compañeros de clase. Lo peor era que me aislaban. Nadie quería hablarme ni ser mi compañero en las actividades. Me gritaban sobrenombres. Me llamaban frijol por ser un alimento básico para los hispanos.

Cuando nos sentaban en círculo nadie se quería sentar a mi lado. En el tiempo libre prefería quedarme con la cabeza agachada. Entendía todo lo que hablaban de mí, pero todavía no podía expresarme en inglés. Si mi mirada se cruzaba con la de alguien inmediatamente me gritaban "*what are you looking at?*" "*You are ugly!*". Si hacía una torre de bloques, me la desbarataban. Siempre estaban pendientes a mí para buscar cómo molestarme. ¿Cómo es posible que los niños puedan ser tan malos? No tenía ningún amiguito. Me sentía muy sola. Fue muy difícil relacionarme.

Cuando cursaba el tercer grado, implementaron las clases bilingües y conocí niños hispanos. ¡Por fin tenía amigos! Todo iba mejorando. Sin embargo, para 1988, el tiempo otorgado bajo el asilo estaba a punto de culminar y no había indicios de que nos pudiéramos quedar. Mi papá quiso regresar a El Salvador porque aquí se trabaja demasiado sin progresar.

Mi mamá siempre tuvo miedo de la violencia y la criminalidad impune. Además, comenzaban las Maras y el problema bélico no había terminado del todo. El país concertó acuerdos, pero muchas armas quedaron en manos de jóvenes que formaban pandillas para el tráfico de drogas. A pesar de los pactos, mi país seguía siendo un lugar muy violento. El Salvador no era una opción para mi madre, pero tenían que tomar una decisión. Era regresar a la violencia de allá o vivir ilegal aquí. Estábamos entre la espada y la pared.

Para ese año se nos abrió la puerta para la residencia en otro país. Un tío que enfrentó la misma situación que nosotros, se mudó y nos dijo que estaban permitiendo la entrada de personas que habían huido de la guerra. Así fue como aplicamos y en 1989 nos mudamos a Canadá.

La noticia me cayó de la patada. Me acaba de acostumbrar a la escuela y ya tenía amigos. Sabía que iba a sufrir lo mismo. Mudarme significaba dejar a toda mi familia nuevamente. Allá solo tenía ese tío y ni lo conocía bien. Sufrí la noticia, pero no podía hacer nada más que abandonar las amistades que tanto había añorado.

Desde el cielo, todo parecía de algodón. Se veía bonito, pero me sentía rara y triste. Al salir del avión, nos revisaron los papeles y nos llevaron a un cuarto. Allí nos presentaron a nuestra trabajadora social. Ella nos ayudó con la vivienda y nos dio abrigos apropiados para el gélido clima de Canadá.

Ella nos llevó a lo que parecía ser un hotel para inmigrantes. Era un lugar raro. Lucía como un edificio comercial en vez de residencial. Era alto, blanco y tenía siete pisos. Nos tocó un apartamento amueblado de dos cuartos y un baño en el sexto nivel. El apartamento tenía vista a la calle principal. Podíamos ver las tiendas y la gente caminando. Aunque la vista estaba bien, el edificio no me gustaba. El corredor me daba miedo. Al salir del elevador solo veía un pasillo muy largo, oscuro y angosto. Tenía que caminar bastante para llegar a la última puerta que era la nuestra. Las luces estaban muy bajas y hacían que el pasillo se viera tenebroso.

La trabajadora social nos dejó en el apartamento y nos dijo que al siguiente día volvería para llevarnos a comprar lo necesario. Así fue, nos llevó a una tienda para comprar artículos para el hogar. Después compramos ropa adecuada y nos regresó al lugar sombrío que sería nuestro hogar.

El sitio no estaba bonito, pero Canadá fue una bendición. Llegamos con residencia y nos pagaban la vivienda por un año. Después de ese lapso partes solo. Es una gran ayuda. Todo lo contrario, a Estados Unidos, que aunque luchamos por ser legales, el asilo simplemente se acabó y ahí quedó todo. Mis padres nunca recibieron ninguna ayuda para establecerse o para traernos.

En Toronto, Canadá no conocía a nadie. Así que fue volver a empezar. Esta vez tenía diez años y ya estaba acostumbrada a la clase bilingüe y a tener amigos hispanos. Fue un cambio muy grande. El primer día de clases aguanté hambre porque en Canadá tienes que llevar tu comida. No lo sabíamos. Así que tuve nada para comer en todo el día. Por lo menos, en Estados Unidos no te dejan sin comer. Te dan un sándwich o te dan la comida y luego te la cobran si no calificas para el almuerzo gratis.

Llegué a mediados de quinto grado. Las clases habían comenzado hacía tres meses por lo que ya todos tenían sus grupos. Tampoco había clases bilingües. Canadá es un país muy diverso. En mi salón había personas de todas las clases y razas. Mis compañeros eran chinos, americanos, canadienses, indios, portugueses y somalíes, pero otra vez era la única hispana. Durante cinco años fui la diferente, la extraña. Fue volver a pasar por lo mismo que yo tanto temía y sufrí nuevamente ese rechazo. Tuve la suerte de aprender inglés en Estados Unidos, si no, hubiera sido exactamente igual a la primera vez. Siempre me sentí sola.

Al año nos mudamos a Etobicoke, Ontario que era donde vivía mi tío, nuestro único familiar en Canadá. Allí hice amistad con mi prima, quién tenía la edad de mi hermano. Ellos estaban en octavo grado y yo en sexto. Por su edad, ellos iban a otra escuela. Yo era muy joven y no entendía el porqué de las cosas. Me sentía bien los fines de semana porque compartía con mi familia, pero de lunes a viernes era una tortura. Sin duda, lo peor para mí fue la escuela. Por primera vez me junté con hispanos cuando pasé a noveno grado.

A pesar de que los años de adaptación fueron solitarios y tristes, no me puedo quejar de la vida que tuve en Canadá porque nos brindó la oportunidad de tener una relación de familia. Mis padres ya no tenían que trabajar día y noche. Tenían un solo trabajo. Íbamos a la iglesia los domingos y tuvimos una vida normal. Nos conocimos más como familia y nos disfrutamos.

Al graduarme, me inscribí en la universidad. Quería ser una profesional. Conseguí trabajo en una línea aérea y trabajé mientras estudié. Todo estaba bien en mi vida. Ya estaba adaptada, tenía amistades, trabajo y mi carrera estaba en curso. Nunca imaginé que después de la vida que llevaba en Canadá, mi destino sería mudarme de vuelta a Estados Unidos.

En mayo de 2000 ya había terminado mi primer año de *college*. Pedí unas semanas de vacaciones para viajar a Estados Unidos porque eran los quince años de mi prima. Sus papás, que son mis tíos, son pastores. Ellos son parte de la familia que dejé aquí. Durante mi estadía visité la iglesia sin saber que alguien se fijó en mí. Nos presentaron durante la fiesta de cumpleaños. Desde ese día él le pidió permiso a mi tío para visitarme en su casa. Era un joven salvadoreño que asistía a la iglesia.

Me fui a Canadá enamorada. Hablábamos por teléfono todos los días. Luego de cinco meses de relación a distancia, me propuso matrimonio. ¡Me sentía feliz! Quería casarme, aunque eso significara dejar a mi familia y regresar a Estados Unidos. Mi papá no estuvo de acuerdo, pero mi novio se mantuvo firme en convencerlo.

La boda se programó para julio de 2001. Estaba muy emocionada porque en solo cinco meses iba a dar el sí. Desde Canadá ordené mi vestido, las invitaciones y compré las copas más hermosas que vi. Fueron mis últimos meses allí y fueron maravillosos. Estuve contenta durante todo el proceso. Terminé mi semestre de universidad y renuncié a mi trabajo. Tenía veintiún años. Estaba joven y a esa edad no piensas en los cambios que van a venir.

Un mes antes de la boda agarré mis maletas y con toda la emoción de mi corazón regresé a Estados Unidos. Hicimos nuestra boda a lo grande con toda mi familia de aquí y de Canadá. Solo sentí nervios en el pasillo de la iglesia porque quería que todo saliera bien. Esa fue mi única preocupación.

Estaba realmente feliz y no me importó dejarlo todo por él. Aunque acepto que fue un cambio drástico porque en Canadá estudiaba, trabaja y estaba muy bien económicamente. Aquí no podía trabajar ni estudiar y ya me había convertido en una inmigrante ilegal otra vez. Los ciudadanos canadienses podemos permanecer en Estados Unidos hasta un máximo de treinta días. A pesar de todo, me sentía afortunada porque tenía un buen hombre a mi lado y mi vida aquí era diferente a los recuerdos de la infancia. No teníamos que compartir nuestro techo con nadie. Rentábamos un apartamento pequeño que era suficiente para nosotros dos. No nos sobraba absolutamente nada, pero tampoco nos faltaba. En este país sufres, pero si le echas ganas te superas.

A los seis meses quedé embarazada de nuestro primer hijo. La felicidad era inmensa y la situación mejoró para nosotros. Mi esposo nunca ha sido conformista. Logró obtener su permiso de trabajo y no se quedó ahí. Él tiene visión y metas. Tomó los exámenes para manejar camiones de dieciocho ruedas. Nuestro niño nació saludable y a los pocos meses mi esposo se fue a viajar por todos los estados gracias a que consiguió trabajo en una compañía de transporte.

Con mucha fe y esfuerzo Dios nos bendijo para que se comprara su propio camión. Tres años más tarde tuvo su compañía de transporte y muy buen ingreso. Yo lo ayudaba desde la casa con las llamadas en inglés. Con el tiempo, compró su segundo camión. Tuve la bendición de estar en la casa con mi hijo todo ese tiempo a pesar de que yo me encontraba ilegal.

En el año 2007 vino la debacle de la economía. La cantidad de trabajo bajó dramáticamente. Habíamos comprado un apartamento y ya teníamos dos camiones en nuestros hombros. Las deudas comenzaron a asomarse en nuestras vidas. La prosperidad que nos acompañó se disipaba a pasos agigantados. No había muchos viajes ni clientes. Todos los días cerraban tiendas, restaurantes y las compañías que nos daban el pan. La situación empeoraba y la Navidad se acercaba.

Yo sentía la necesidad de alivianar a mi esposo, pero no podía trabajar sin papeles. Tomé el riesgo y le pregunté a un familiar que también se llama Daniela. Me prestó sus papeles. Como ilegal, uno se ve obligado a hacer este tipo de cosas con tal de sacar a la familia adelante. Gracias a Dios, me dieron la oportunidad de trabajar en una tienda de ropa. Tenía mucho miedo de que se dieran cuenta. Corrí con mucha suerte pues compartimos el primer apellido más no el segundo. Al estar casada no indagaron, solo asumieron.

Me sentí útil y capaz de aportar a nuestra situación. Trabajé toda la Navidad y gané lo suficiente para comprarle ropa y regalos a mi hijo. Sin embargo, estaba muy lejos de poder salvar los camiones y el apartamento. En una tienda te mantienes en pie largas horas, limpias, acomodas, ayudas a los clientes o le aguantas sus quejas, pero no ganas lo suficiente para mantener un hogar. Aunque se me hinchaban los pies constantemente me mantuve en lucha. No estaba dispuesta a que todo se viniera abajo.

En el mes de febrero mi mamá vino de visita. Para esa fecha, tuve una menstruación irregular muy fuerte que no se detuvo por un mes. Sentía extrema debilidad y comencé a preocuparme. Fui al hospital y me dijeron que era una hemorragia. Me recetaron pastillas y me mandaron a la casa. Me dijeron que si sangraba más no regresara porque era normal.

Al día siguiente no pude caminar ni presentarme a trabajar. Estuve dos días tomando esas pastillas sin ninguna mejoría. Perdía el conocimiento por momentos. Mi esposo no quiso hacer caso a lo que dijeron en el hospital y me llevó otra vez.

Llegué a la puerta del apartamento con demasiado esfuerzo y ahí colapsé. No sabía bien lo que ocurría. Solo escuchaba voces a lo lejos que me decían que no me durmiera. *"¡No te duermas, Daniela! Stay with us!"*, sabía que me estaban poniendo hielo en la cara, pero no podía reaccionar. *"Stay here, Daniela!"*

Yo escuchaba todo, pero no podía moverme ni responder. Al llegar al hospital alcancé a escuchar que necesitaba una transfusión de sangre, pero que mis venas no lo soportarían. La única opción que tenía era poner un tubo por el brazo y llevarlo hasta el corazón para bombear sangre. Tenía cincuenta por ciento de probabilidad de fallecer durante el procedimiento. Había que tomar una decisión rápido porque estaba entrando en paro cardiaco. Mi esposo firmó con la advertencia de que el tubo podía dañar mi corazón. Luego de escuchar la conversación entré en coma.

Mi mamá se regresaba al día siguiente a Canadá o de lo contrario estaría ilegal aquí. La decisión fue firme. No había quien pudiera montarla en ese avión. Fueron días angustiosos para todos mientras yo permanecía inconsciente en una cama de hospital. No recuerdo nada de los primeros tres días. Estuve ausente sin saber si estaba viva o muerta. No respondí a ningún estímulo, pero al cuarto día sentí unos intensos dolores que me despertaron.

Es el primer día que recuerdo luego que se apagaran las voces que me repetían que no me durmiera. Querían sacarme la matriz para detener el sangrado. Solo tenía veintisiete años y un hijo. Este procedimiento significaba que jamás volvería a concebir.

Se dieron cuenta que no tenía suficientes plaquetas y peor aún, seguían disminuyendo. No me podían operar así. Constantemente me hacían estudios sin dar una respuesta. Finalmente, dieron con lo que tenía. El diagnóstico fue horrible. Era leucemia. Como si no fuera suficiente, también presentaba problemas cardiacos.

Optaron por darme quimioterapia, pero no la toleré. Solo recibí dos tratamientos terribles. No se lo deseo a nadie. No podré olvidar cuando dos personas completamente cubiertas llegaron a mi habitación. Parecían astronautas. Solo se le veían los ojos. Me amarraron sin siquiera dirigirme la palabra. Yo no entendía por qué lo hacían. Tampoco tenía fuerzas para rehusarme.

La quimio inyectada es el tratamiento más horrible que he vivido. Sentía que literalmente me quemaba las venas. Mi esposo escuchaba los gritos en el pasillo. Era como un tizón de fuego que me quemaba por dentro. Trastornó mi mente. Empecé a alucinar. Vi que me elevaron en el aire y me pusieron boca abajo. Era como si le hubieran dado vuelta a la cama hasta quedar colgando en el aire en dirección al piso. Sentía que la cama daba vueltas y vueltas hasta que volvía a quedar mirando hacia abajo. Yo miraba el suelo suspendida desde arriba.

La inyección me debilitó, me dejó tirada en la cama, sin fuerzas para moverme. Así ocurrió por dos días. No aguanté más y la eliminaron. Siguieron metiendo toda clase de medicinas en mis venas y recibía troncfusiones de sangre a diario. Después de dos semanas, los doctores hablaron conmigo. Ya no podían hacer nada por mí. Dijeron que era un caso muy difícil y habían tratado todo lo que estaba a su alcance. Solo tenía dos opciones. Darme de alta para morir en la casa o transferirme a un centro de investigación de cáncer donde hacen experimentos con pacientes desahuciados. Escogí seguir intentando. Debido a que las transfusiones eran continuas tenían que coordinar el traslado en helicóptero. Los médicos regresarían para decirme la fecha.

Esa no era la vida que yo quería. Mi hijo todavía estaba muy pequeño. Si moría, iba a dejar a mi esposo solo en este país con un niño. No podía resignarme a aceptar mi partida. Luego que se fueron los médicos cerré los ojos y oré con todas mis lágrimas y con todas mis fuerzas. Tenía mucha Fe en Dios. Ese viernes en la mañana, sentí una desesperación atroz. No podía calmarme. De repente escuché esa voz. Abrí los ojos y todo estaba oscuro aun siendo de día. Cerré los ojos y lo mismo otra vez. Una voz me susurraba al oído "te vas el lunes". Abrí mis ojos nuevamente y esta vez había luz. Llamé a mi tío, quién es mi guía espiritual.

-Tío yo no sé si estoy loca, pero al cerrar los ojos alguien me susurró que me voy el lunes.

-Mija, mi esposa soñó anoche contigo. Te veía saliendo en una silla de ruedas con ropa caliente y una gorrita negra. Es una confirmación.

¿Será? En la tarde, regresaron para darme la fecha de mi traslado. Me iba el lunes en helicóptero, pero mi tía me vio salir del hospital en una silla de ruedas empujada por mi mamá. Lo puse todo en manos de Dios. Mi vida se estaba apagando. Yo sabía que mi cuerpo ya no respondía. Mi piel era transparente. Veía mis venas en los brazos y en el cuello. No tenía fuerza para soportar más exámenes, pero tenía que intentar esta última opción. Sabía que me estaba muriendo, pero tenía una esperanza. Me iba el lunes...

El sábado en la tarde empeoré. Mi cuerpo rechazó la sangre que me mantenía viva. Me dio una fiebre muy alta y entré en *shock.* No paraba de temblar. ¡Tanta medicina que me inyectaron! Mantuve a todos corriendo esa noche. Yo seguía orando mientras el cansancio me vencía. En la madrugada del domingo, entraron a mi cuarto. Prendieron las luces sin ninguna consideración. Había cuatro médicos parados junto a mi cama. Los médicos se desaparecen en el fin de semana y allí estaban los cuatro frente a mí. Algo ocurría. Me dijeron que mi cuerpo estaba produciendo plaquetas. Aclararon que era un error de laboratorio.

-No es ningún error. Yo sé que Dios me ha sanado. Yo sé que me voy a ir de aquí.

- No, es un error de laboratorio. Lo vamos a repetir- contestaron.

Lo hicieron no una sino dos veces. Las plaquetas subieron de cero a 17,000. La segunda vez se duplicó a 35,000. Era inexplicable. Ese domingo no me sentía bien del todo, pero mi mamá notó que mis mejillas se veían rojizas después de la reunión bíblica. El servicio de ese día fue dedicado a mi recuperación. Puse mi celular en alta voz y los escuché orar. Se sentía la vibra, la emoción a través del teléfono. Algo caliente me bajaba de la cabeza a los pies. Fue una experiencia radical. Lo sentía en las encías, la lengua, la cara. Yo estuve pálida desde el primer día, pero terminando de orar sentí que pasé a otra vida.

El lunes en la madrugada ya tenía suficientes plaquetas. Había alcanzado el rango normal de 275,000. Estaba en mi habitación sin entender lo que pasó, pero mi cuerpo sanó. Sentía que aquella aterradora tormenta había pasado. Los médicos vinieron nuevamente y cancelaron mi traslado. Los exámenes reflejaban que mis niveles estaban normales. No había rastro de cáncer. La leucemia desapareció y ya no era necesario perder la matriz.

-Les dije que Dios me había sanado.

-Hay cosas que la ciencia todavía no puede explicar- contestó uno de los médicos.

-No es ciencia. ¡Es Dios! - los médicos me miraron como si fuera una extraterrestre quien estuviera hablando.

- ¿No me creen verdad? - se miraron los unos a los otros incrédulos en total silencio.

-Yo sé que no me creen- solo uno se sonrió y respondió *I believe you.*

Ese mismo lunes me dejaron ir. Durante los diecisiete días que estuve grave en el hospital, no puse un pie fuera de la cama. Por lo tanto, el día que me dieron de alta no pude caminar por mí misma. Salí así mismo como lo soñó mi tía. Con la misma ropa calientita que describió. Mi mamá me compró una camisita caliente y gorrita tejida negra sin saber del sueño. Salí feliz, triunfante. Dios me escuchó y me dio una segunda oportunidad de vida. Él me dijo que me iba el lunes y me fui.

Me mandaron a la casa con dos noticias que no me agradaron. La primera era que nunca más volvería a tener hijos y la segunda que tenía que tomar esteroides por el resto de mi vida. Los medicamentos eran horribles y tuve todos los efectos secundarios. Me provocaban calambres en las pantorrillas, pies y estómago. No caminaba bien y me caía mucho. No podía conciliar el sueño. Dormía máximo dos horas. Se me hinchó todo el cuerpo, no se me miraban ni el cuello ni la nuca. Apenas podía agarrar la cuchara.

Mi mamá estuvo casi un mes conmigo y cuando ya me había rehabilitado un poquito se regresó y se llevó a mi hijo a Canadá. Yo no estaba en condiciones de atenderlo. Ella tenía que trabajar y ya se había excedido del tiempo permitido por la visa. En el tiempo que estuve en el hospital mi esposo perdió uno de los camiones. No podía quedarse a cuidarme. Pasaba mis días acostada en la cama del camión que todavía teníamos para no quedarme sola en el apartamento.

No podía atender a mi esposo ni valerme por mí misma. Hacía todo lo posible por recuperarme. Tomaba mis medicamentos a tiempo y trataba de caminar sin ayuda, pero era muy difícil pues sufría unos calambres horribles que me hacían retorcerme. Mi esposo me bañaba sentada. Estoy agradecida de tener un esposo incondicional al que nunca le pesó atenderme.

Aunque él me apoyó, nunca me crucé de brazos. Un día me reté a cruzar la calle, pero para una persona como yo eso era mucho. Al llegar al otro lado tuve un fuerte calambre que me obligó a sentarme por treinta largos minutos. No podía levantarme y comencé a llorar. Para esa fecha ya no tenía celular. Recuerdo que en mi desespero dije "padre dame las fuerzas para poder salir de aquí en el nombre de Jesús". Me limpié las lágrimas, respiré lo más profundo que pude y me levanté con dificultad. Agarré fuerzas y a pequeños pasitos comencé a caminar. El calambre era horrible, pero yo tenía que volver. No sé cuánto me tomó cruzar de vuelta aquella calle que parecía interminable en mi dolor, pero regresé.

Me esforcé todos los días. Tuve que aprender a controlar mi cuerpo y aguantar los peores dolores que jamás había sufrido. En el mes de junio el médico me dio permiso para viajar y me fui a Canadá con mi mamá y mi hijo. Allí continué mi tratamiento. Mi esposo se tuvo que quedar para tratar de no perder el camión que nos quedaba y el apartamento. Eso sin contar con las interminables facturas médicas.

Estuve bajo cuidado médico en Canadá desde principios de junio hasta mediados de agosto. Me recetaban medicamentos para dormir que nunca me ayudaron. Me esforcé mucho y nunca perdí la fe. Esta era una oportunidad de vida que no iba a desaprovechar. Mi niño ya casi empezaba la escuela. Yo quería acompañarlo en su primer día de clases. Solo una madre sabe la emoción que se siente ese primer día. Yo también quería experimentarlo. No quería perder ninguna de esas etapas pues ya no tendría una segunda oportunidad. Yo me aferraba a la vida, pero más que todo a Dios.

A mediados de agosto, la última prueba arrojó que todos mis niveles estaban perfectos. Ya no había arritmia cardiaca, podía caminar, volví a la vida. Recuerdo que mi doctora me dijo que parecía que nunca había tenido cáncer y mi corazón estaba sano. Me quitó los esteroides que tenía que tomar de por vida.

Es horrible sentirse moribundo e incapaz de ser independiente. Si no fuese por la fe tan grande que tengo en Dios y por las largas horas de oraciones no lo hubiera logrado. Sin Dios a mi lado todo hubiera sido un desastre. Regresé de la muerte a la vida. Me sentí exageradamente bendecida. Él me devolvió la vida y se lo agradezco.

Volví feliz a Estados Unidos, recuperada y apreciando más la vida. Llegué justo a tiempo para inscribir a mi hijo y no perdí ese primer día de clases. Para ese momento habíamos perdido el último camión y el apartamento, pero a pesar de que fue un golpe duro yo no me iba a dejar caer. Rentamos un apartamento y mi esposo consiguió trabajo. Pasó de ser dueño de compañía a ser empleado otra vez, pero no me importaba.

En el mes de noviembre comencé a sentirme mal. Temí que el cáncer volviera. Esta vez no esperó para ir al médico. Cuando estás al borde de la muerte y recibes una oportunidad de vida, te haces más consciente. Para mi sorpresa estaba embarazada. ¡No lo podía creer! En el hospital me dijeron que nunca iba a tener hijos y si remotamente ocurriera, era mejor abortar porque mi vida estaría en riesgo.

Los niños son regalos de Dios. Yo me había hecho a la idea de que nunca más volvería a tener un hijo. Dios me dio una segunda oportunidad de vida y ahora me daba la oportunidad de ser madre otra vez.

Por más peligroso que fuera yo no iba a matar a mi hijo. Mi esposo y mi familia me apoyaron. Todos confiamos en Dios. Quizás en su corazón sentían temor, pero nunca dijeron palabras negativas.

Yo por mi parte estaba feliz de tener otro bebé y lo recibimos con los brazos abiertos. Como era peligroso, me monitorearon durante todo el embarazo. Debido a la leucemia era alto riesgo y si era cesárea era aún peor. Podía sangrar hasta la muerte si las plaquetas no estaban en su nivel normal. Sin embargo, tuve un embarazo y un parto completamente normal.

El único problema que tuve fue que los médicos calcularon mal el tiempo y no tuve a mi bebé en la fecha esperada así que me indujeron el parto. Fue un error. En realidad, tenía treinta y seis semanas por lo que a mi hijo no se le desarrollaron sus pulmoncitos. Estuvo veintiún días en la Unidad de Cuidados Intensivos Neonatal. Salió antes del tiempo esperado y sano. Los doctores dijeron que su restauración era impresionante. Me quedé un tiempo en casa con mis hijos, pero la situación económica no estaba bien.

Tuve que volver a trabajar. Eso era arriesgado, pero necesario. Me llevaba muy bien con los empleados de la oficina del complejo de apartamentos donde vivía. Como necesitaban a alguien bilingüe, aproveché la oportunidad y tomé el riesgo nuevamente. Me gustaba mucho mi trabajo y estaba a solo pasos de mi apartamento.

Fue una gran bendición. Siempre que venía un hispano a la oficina me buscaba. Comencé a tener buenos bonos y crecí profesionalmente. Al cabo de dos meses pasé a trabajar a tiempo completo. A los seis meses ya era permanente. Después de un año mo convertí en asistente de gerente.

Me sentía realizada. Tenía vida, salud, era madre y podía aportar a mi casa. Mi esposo poco a poco creció en su trabajo y ganaba más. Ya era hora de volver a abrir la compañía. Trabajamos duro y ahorramos mucho para lograrlo. Fueron muchas horas de sudor, pero al fin estaban rindiendo frutos. ¡Abrimos la compañía!

Yo continué en mi trabajo y en la iglesia. Todavía necesitábamos mi ingreso, pues teníamos que encontrar clientes fijos. Por mi lado, yo tenía altas y bajas en el trabajo. Había buenos compañeros que se alegraban de mis logros y otros que no les gustaba para nada que después de ser la última en llegar avanzara más. Algunos me hicieron pasar malos momentos, pero yo me mantenía en pie de lucha. Las metas eran claras. No quería que le faltara nada a mi familia.

Una tarde estaba cantando en la iglesia y al terminar me sentí mal. Con cada síntoma yo me revisaba. No quería arriesgarme. Descubrí que venía una niña en camino. ¿Y no que no podría embarazarme nunca más? Acogí la noticia feliz. Yo sabía que era un gran riesgo otra vez, pero fue un embarazo tranquilo. Casi no tuve síntomas y pude trabajar hasta el último día. Mi hermosa niña llegó y con ella la prosperidad. Nunca regresé a trabajar. Desde entonces estoy en mi casa cuidando a mis hijos y a mi esposo. Lo ayudo con las llamadas de la compañía y sirvo en la iglesia.

Mis primeros años en Estados Unidos fueron los peores de mi vida. No reconocía a mis padres, nunca los veía, extrañaba a mis abuelos, no tenía privacidad en mi hogar compartido, sufrí discrimen, soledad, barreras del idioma, cambios y pérdida de amistades. Jamás pensé en regresar a este país.

En Canadá mi vida mejoró, pero Dios me trajo de vuelta. Me bendijo con un matrimonio y me puso pruebas muy duras, pero yo me mantuve fiel. No lo culpé, solo le pedía sanación y me rehusaba a dejarme caer. Tuve mucha fe. La vida no es perfecta ni aquí ni en ningún país. A donde quiera que vayamos tendremos altas y bajas. Sufriremos desafíos tanto personales como profesionales, pero si nos mantenemos fiel, Él nos da la victoria sin importar donde vivamos.

Este es un país de muchas oportunidades, pero para disfrutarlas hay que trabajar fuerte y proponerse metas. Mi esposo y yo continuamos adelante trabajando y ahorrando hasta recuperar lo perdido. Hoy día tenemos un camión. Mañana tendremos más. Lo que importa es que hoy tenemos nuestro pan.

Yo sigo esperando a que haya una reforma migratoria para resolver mi estado. Debido a que yo abandoné el país y regresé a los veintiún años de edad, no tengo derecho a DACA, pero mi vida no gira en torno a los papeles. Es cierto que el estado legal es importante y yo deseo resolver eso, pero todo a su debido tiempo llegará. La fuerza de los hispanos es imparable y sé que tarde o temprano habrá una mejor oportunidad de legalizarnos. Mientras tanto, yo sigo en pie de lucha para llevar una vida digna y servir al prójimo pues es lo menos que puedo hacer para reciprocarle a Dios después de tantas bendiciones. No me cansaré de agradecerle por darme una oportunidad de vida y dos hijos más que eran imposibles, pero, sobre todo, jamás me cansaré de agradecer por hacerme lo que soy, una mujer bendecida.

"Porque yo sé los planes que tengo para vosotros-declara el Señor- planes de bienestar y no de calamidad, para daros un futuro y una esperanza."

Jeremias 29:11

estados Unidos

Edith trabaja en el Departamento de Finanzas de una compañía multinacional. Posee estudios en las concentraciones de Negocios y Español de la Universidad de Arkansas.

El otro lado de la moneda

Siempre supe que mis padres son inmigrantes porque desde pequeña me hablaron de sus raíces. Por lo tanto, nunca lo tomé como algo malo o diferente. Solo sabía que así eran las cosas.

Sus países nativos parecían de otro mundo ya que allí ocurrían situaciones que yo no entendía. Ellos mencionaban que, a pesar de todo, extrañaban su tierra de Nicaragua y El Salvador. Yo sabía que eran lugares muy lejanos y que la gente, la cultura y el paisaje eran diferentes.

Crecí con la curiosidad de visitar esos mundos extranjeros. Para mí, fue divertido pensar que eran ciudades llenas de cosas por conocer y estaba orgullosa de ser nicaragüense y salvadoreña. Mi hermano también echaba pecho cuando mencionaban alguno de los dos países. Teníamos un juego que aún sigue. Mi hermano es patriota de El Salvador y yo soy gran patriota de Nicaragua y siempre competíamos para determinar cuál país era superior. Claro, todo el tiempo llegábamos a la conclusión que los dos eran los mejores del mundo. Pensaba que si mis padres vinieron de allí, entonces eran lugares que producen personas increíbles como ellos.

Cuando éramos pequeños, mis padres nos hablaban de su niñez. Contaban que mi papá era buen estudiante, especialmente en matemáticas, que le gustaba jugar fútbol y que se subía a los árboles para arrancar mangos. Todo cambió cuando tuvo que huir de El Salvador debido a la guerra civil. Siempre relataba las historias con nostalgia. Allá tenía familia y amigos, y conocía a todos. Al llegar a Estados Unidos se dio cuenta que, a pesar de las oportunidades, era un país muy individualista.

Mi mamá nos contaba sobre su experiencia en la escuela de monjas y cómo tuvo que cuidar a sus hermanas para que mi abuela trabajara. Al igual que mi papá, ella extrañaba el ambiente de los países hispanos donde todos se saludan por su primer nombre y las fiestas incluyen a toda la familia. Aquí es normal no saber quién vive al lado. Tuve suerte que mis padres siguieron sus costumbres. Por eso las pupusas y el gallo pinto son comidas que nunca me canso de comer y tomo café a cualquier hora del día. También me encanta bailar. Estoy de acuerdo que una fiesta no es fiesta si termina antes de las tres de la mañana, y claro, ¡me cuesta estar a tiempo!

Pero lo más significativo que ellos nos enseñaron es que uno no logra nada si no trabaja duro.

El ser hija de inmigrantes no evitó que mi niñez fuera increíble. Nos llevaban al parque, teníamos noches en las que dormíamos en el suelo viendo películas, jugábamos juegos de mesas y contábamos chistes hasta que el estómago nos dolía de tanto reír. Al principio no teníamos mucho, pero mis padres se enfocaron más en enseñarnos a ser unidos en vez de fijarnos en lo que tenemos o nos falta.

No siempro fue perfecto. De tiempo en tiempo el dinero no ajustaba. Mis padres procuraron que nosotros no nos diéramos cuenta de que no había suficiente para cenar o que la renta estaba atrasada. Hubo un tiempo que la economía estuvo horrible y mi padre no encontraba trabajo. Esa vez fue una de las pocas veces que me levantó la voz. Le pregunté por qué casi no había comida y me dijo que no tenía dinero. Yo, como niña inocente le pregunté entonces por qué no iba a trabajar. ¡Me gritó que no había trabajo! Me quedé anonadada porque mi papá nunca era grosero conmigo. Cerré el gabinete y me fui a mi cuarto a llorar con mucho sentimiento. No entendía por qué estaba enojado conmigo ni por qué no trabajaba si necesitamos comida. Él estaba estresado porque sentía que nos estaba fallando, pero mi papá nunca nos falló. Cuando no había para todos, mi hermano y yo comíamos primero.

A él no le importaba tomar cualquier trabajo, hasta limpió agua sucia con tal de mantenernos. Más adelante, mi padre comenzó a trabajar como pintor y justo cuando el negocio estaba levantándose, le robaron su camioneta con todas las herramientas. En solo minutos, miles de dólares y horas de trabajo desaparecieron. Recuerdo lo devastado que estaba y la cólera que tenía de que alguien fuera tan indigno de robar los instrumentos que usaba para alimentar a su familia. Aunque fue un tiempo difícil no se rindió y luchó para superarlo. Empezó desde cero otra vez hasta que estableció su propio negocio de pintura residencial y comercial. Él siempre fue y sigue siendo mi héroe.

Más adelante las cosas estaban mejor y tuve la bendición de viajar a los países de mis padres. En El Salvador me la pasé de maravilla. Mi hermano y yo podíamos caminar descalzos y jugábamos con los niños del vecindario. Nos la pasamos explorando y simplemente nos sentimos libres. De donde mi papá viene, la playa está a solo unos kilómetros. Yo pensaba que mi padre estaba loco para irse de un lugar tan divertido, pero claro, solo era una niña que no comprendía los peligros de El Salvador.

A los doce años visité Nicaragua por primera vez. A esa edad entendía un poco más las diferencias entre Estados Unidos y Centro América. Estaba consciente que era un país más pobre, pero nada gravemente diferente. Mis memorias me llevan a recordar que me encantaba la comida y en especial las frutas. Era como algo exótico porque probé cosas que nunca había visto en Texas. Pero no todo era lindo, en la ciudad miré niños abandonados y le pregunté a mi mamá en dónde estaban los padres. Ella me explicó que no tenían. Sentí una gran tristeza por ellos. Pensaba que era injusto que no tuvieran quién los cuidara y les dieran de comer. Hasta el día de hoy es un recuerdo que me impacta mucho.

A pesar de las imágenes tristes, mi hermano y yo nos divertimos mucho en Nicaragua. Montamos caballos y cada día fue una aventura. No sabíamos que lo que experimentábamos era imposible para muchos. Estábamos viviendo como ricos. Los restaurantes y las compras eran lujos que no todos se pueden dar. Al contrario, el tener comida tres veces al día ya es un logro. Yo lo desconocía y por lo tanto me quería quedar. Los meses de verano no fueron suficientes para mí.

Algo extraño que noté cuando estaba en Nicaragua era que cuando la gente se enteraba que éramos americanos cambiaban de actitud. Mi hermano y yo no entendíamos por qué era tan especial venir de Estados Unidos. Nos preguntaban si mi papá tenía mucho dinero, cómo era nuestra casa y la vida buena. Yo me reía porque no estaba segura cuál era la respuesta correcta. Les decía que la vida era igual, aunque sabía que comparado a como ellos vivían, nosotros llevábamos una vida de reyes.

Teníamos una casa con muebles, comíamos bien y no nos faltó nada. Pero no siempre fue así. Cuando éramos más pequeños el miedo de no poder pagar la renta era un temor muy real. Yo entendí desde muy pequeña que había gente que les abundaba el dinero y gente que trabajaba largos días para tener comida. Observaba que dependiendo de cuánto dinero uno tiene, podía tener lujos, pero nunca pensé que eso hacía a alguien mejor. Por eso, no decía la verdad cuando me preguntaba cómo era mi vida en Estados Unidos. No quería que ellos pensaran que me sentía superior o que la vida de ellos era de mala calidad. Para ser sincera, les tenía envidia porque vivían en un lugar alegre y bello.

De regreso a Estados Unidos, extrañaba los paisajes abiertos y la gentileza de los vecinos. No fue hasta que llegué a la escuela secundaria que me di cuenta de que mi situación no era igual a la de otros. Esto fue porque en la primaria mis amigos eran hispanos e hijos de inmigrantes como yo. En mi último año le dijeron a mamá que debía tomar clases avanzadas. Ella se llenó de orgullo y aceptó.

Cuando comencé la secundaria, solo tenía clases de honores. Desafortunadamente, no había tantos hispanos en mis clases. A veces era la única latina. Me hice amiga de mis compañeros gringos. Fue hasta entonces que supe que mis costumbres eran un poco diferentes.

Gracias a la clase de historia aprendí más sobre la verdadera situación económica, la corrupción gubernamental y las guerras civiles. Entonces, por fin, comprendí las razones que tuvieron mis padres para venir. Pude contrastar la imagen que tenía de pequeña con la realidad que viven ambos países. Es muy distinto ser turista que residir en el país. También me di cuenta de cómo otras personas miraban a Centro América. Las perspectivas eran mezclas de cosas buenas y estereotipos negativos. Muchos acusan a los inmigrantes de solo venir a quitarles los trabajos a los americanos, que sobreviven a costillas de los ciudadanos que pagan impuestos, que todos los inmigrantes son ignorantes y que no deberían estar aquí. Cuando escuchaba eso me dolía y a la misma vez me daba rabia. Me ofendía porque esos estereotipos no aplicaban a todos, mucho menos a mi familia que trabaja tan duro para tener comida y una casa. Me molestaba que fueran tan ignorantes ya que la mayoría de los hispanos no tiene otra opción que poner su vida en riesgo para sobrevivir.

Recuerdo que una vez fui a ver un partido de fútbol y una señora americana me gritó *"anchor baby"* (bebé ancla). Con mucho disgusto me informó que no deberían permitir a los hijos de inmigrantes que nacían en Estados Unidos ser automáticamente ciudadanos. En otras palabras, yo no merecía ser ciudadana. Me quedé callada. No sabía cómo responder ni qué sentir. Estaba confundida, quería entender cuál era el rencor hacia los hispanos. La miré por unos segundos y me di la vuelta. Minutos después tuve muchas ganas de llorar. Yo no soy una persona mala, qué culpa tengo de nacer en Estados Unidos. Yo no soy inferior por ser hija de inmigrantes.

Después de un rato se me pasó el mal sentimiento y me consolé pensando que hay gente que tiene odio en su corazón. A pesar de todo eso, mi imagen de Nicaragua y El Salvador no cambió para mal. Claro, tenía una imagen más realista de la pobreza y la falta de apoyo del gobierno, pero nunca me avergoncé de ser hispana. Sin embargo, ese mundo mágico se había convertido en un lugar donde luchadores nacían llenos de ansías por una vida mejor. Estoy orgullosa de ser americana pero más aun de ser hispana a pesar de los obstáculos que me han tocado sobrepasar.

En la escuela, también pasé por algunas situaciones. Poco antes de graduarme, una maestra estaba platicando conmigo y me preguntó qué me gustaría hacer después de la preparatoria. Le dije que mi sueño era ir a la universidad. No disimuló su sorpresa, pero de todos modos me preguntó a cuál universidad quería ir. Le dije el nombre de la institución, la cual es una universidad privada, muy difícil de entrar. Solo algunos de los mejores estudiantes son aceptados o si tu familia tiene dinero para donar puedes entrar. La maestra me miró como

220

si yo fuera ingenua al pensar que tenía una mínima oportunidad de entrar allí. Estoy segura que, pensaba que ni siquiera tenía el promedio para solicitar. Me contó que, a una de sus estudiantes, quien venía de una familia adinerada, le negaron la admisión. Por lo tanto, no debía sentirme triste si no me aceptaban. Me dio mucho disgusto porque ella no me conocía, pero creó ideas de mí solo por ser hispana. Le dije que yo sí pensaba que era posible.

Desde ese momento, investigué qué requisitos necesitaba para solicitar, cuántas recomendaciones eran requeridas, y qué becas estaban disponibles. Todo esto fue un proceso en el que tuve el apoyo de mis padres, pero no podía pedirles ayuda porque ellos desconocían del tema. En ese sentido lo hice sola. No tenía ni los recursos ni los conocimientos que tienen mis compañeros americanos. Sus papás saben de las universidades más prestigiosas, cómo escribir el mejor ensayo, tenían dinero para pagar la universidad y conexiones. Los míos, apenas tenían para pagar la renta cuando era pequeña, menos iban a tener para hacer una cuenta de ahorros para mis estudios. Fue complicado entender el proceso y tuve miedo de ser rechazada, aun así, pude porque mis padres creyeron en mí. Su apoyo fue suficiente fuego para inspirarme.

Al cruzar ese escenario para tomar mi diploma de *High School* tenía una mezcla de sentimientos. Estaba contenta, nerviosa y triste a la vez. También sentí alivio porque había logrado graduarme con honores y el próximo paso era la universidad. Sabía que ese diploma era solo el comienzo. Solicité en doce universidades, incluyendo la que quería, y en cada una fui aceptada. Tuve ofrecimiento de beca completa para dos universidades. Si sumo todas las becas combinadas obtuve casi medio millón de dólares en ayudas y mucho que pensar. Luego de analizar tantas cosas, decidí que la mejor opción para estudiar negocios era la Universidad de Arkansas.

Tres meses después me fui rumbo a Fayetteville, Arkansas. Es una ciudad muy pequeña comparada con Dallas y con menos diversidad, ubicada a seis horas de mi hogar. Si pensaba que era minoría en mis clases de honores, aquí era un rudo desierto. Este era un mundo completamente diferente donde no podía encontrar hispanos y mucho menos en mis clases de Finanzas en las que apenas había mujeres. Cuando mis padres me llevaron al dormitorio, les entregué una carta diciéndoles cuánto los quería y les agradecía sus esfuerzos para hacer mis sueños realidad. Les aseguré que trabajaría duro para no decepcionarlos. Fue un adiós muy triste y comencé a llorar cuando los abracé. Mis pilares de apoyo ahora iban a estar a seis horas de mí. Fue muy doloroso.

Pasé las primeras dos semanas llorando todas las noches hasta quedarme dormida. No me sentía cómoda, no tenía amigos y extrañaba a mi familia. También me hacía falta mi pareja, quien ahora era un novio de larga distancia porque estaba en otra universidad a miles de millas. Vine de un hogar donde siempre había familia y amigos en casa y de repente mi mundo consistía en largas noches llenas de lágrimas. Llamaba a mi mamá tratando de ser fuerte pero no podía aguantar y le contaba que me quería regresar a la casa. Con un nudo en la garganta me decía que todo iba a mejorar. Mi padre me aconsejaba que fuera fuerte porque cuatro años pasan rápido. Yo sé que les dolía tenerme lejos pero siempre sabían qué era lo mejor para mí.

Me quedé y poco a poco las cosas mejoraron. Comencé a hacer amigos, y a conocer el campus. Tuve amistades muy diferentes que venían de hogares en los que toda la familia era profesional, viajaban por todo el mundo o eran la quinta generación en asistir a esta universidad. Prácticamente tenía ante mis ojos todo el mundo. Fue la única vez que me pregunté cómo hubiera sido mi vida si mis padres fueran americanos. No renegaba de ellos, era solo curiosidad. Entre más pensaba, no encontraba ningún carro, viaje o lecciones privadas que me convenciera de que mi vida hubiera sido mejor si ellos fueran americanos. Al contrario, me daba orgullo saber que ellos no se rendían sin importar las circunstancias.

En mi segundo año, ya todo estaba bien, pero rompí con mi novio después de cinco años de relación. Aunque ahora me siento cursi, en ese instante sentía que el mundo se me acababa. Pasé buen tiempo sin comer y dormir, y perdí peso. Nuestro noviazgo no fue el mejor. Tal vez porque él es americano y no entendía muy bien las costumbres. No le hacía sentido que tomara en cuenta a mis padres. Decía que yo era lo suficientemente grande para tomar mis decisiones. No quiero decir que todos los americanos son así porque mi novio actual también es americano y adora a mi familia, pero creo que en mi caso eso influyó mucho.

Esa ruptura me rompió el corazón. Recuerdo que llorando le pedí a mi mamá que pasara por mí un fin de semana y ella vino a rescatarme. Mi pobre madre salió cansada del trabajo y manejó seis horas porque yo se lo pedí. ¡Así de increíble es mi mamá! Pasé mucho tiempo llorando en mi cuarto. Mi papá me consoló. Me dijo que valía mucho y porque un muchacho no supo valorarme no significaba que no era valiosa. Pero las lágrimas todavía seguían. Me abrazó fuerte y lloró conmigo. Yo sentí un amor tan puro que mi dolor lo sentía él también.

Esa noche mi hermano se quedó a dormir conmigo para que no estuviera sola. Al ver que no podía hacer nada para ayudarme, me dijo que deseaba poder tomar mi dolor y aguantarlo él. En ese momento parecía que nada ayudaba, pero ahora que miro hacia atrás, sin ellos no lo hubiera superado tan pronto. Cuento esto, aunque ahora me da pena admitir que lloré tanto, porque en el fondo me siento extremadamente afortunada de tener una familia tan maravillosa. Mis padres se criaron prácticamente solos y no supieron lo que es tener un padre cariñoso o una madre disponible a tan solo una llamada. Quisieron algo diferente para nosotros y lo lograron, por eso los adoro.

Los últimos años de universidad se fueron volando. Las clases fueron intensas y tuve que esforzarme más. A veces no dormía por estudiar o completar un proyecto. Cuando sentía que no podía más, me acordaba de mis padres y conseguía las energías para continuar. Pensaba que, si ellos tuvieron que pasar por tantos obstáculos para que tuviéramos una mejor vida, entonces yo también podía trabajar duro. Cuando tomé mi último examen me puse a pensar en la persona que llegó a la universidad y en la persona que iba a caminar para recibir el diploma. Me quedé asombrada observando cuán diferentes eran las dos personas. Maduré mucho y fue una parte esencial de mi crecimiento como persona y profesional.

Hoy día tengo veintitrés años, estoy graduada y trabajo en el Departamento de Finanzas de una compañía multinacional. Vivo en un apartamento hermoso con una amiga y tengo todo lo que necesito. Aprecio todos los esfuerzos de mis padres, que precisamente fueron sacrificios que hicieron a mi edad o antes pues me tuvieron muy jóvenes. A mami le agradezco sus consejos y sus abrazos cada vez que estaba triste y por hacerme creer que sí soy una mujer fuerte e independiente. Si algún día llego a ser madre espero ser al menos la cuarta parte de lo que es ella.

A mi papá le quiero decir gracias por ser mi roca, por llorar conmigo cuando me rompieron el corazón y sentía que el mundo se me acababa. Le agradezco por enseñarme respeto y lo que es trabajar duro. Si me llego a casar, mi deseo es que mi pareja sea igual a mi padre para que mis hijos también tengan un papá extraordinario. Ellos son inmigrantes que comenzaron con nada y después de mucho batallar ahora son ciudadanos americanos.

Durante mis años de universidad aprendí de mí misma, del mundo en el que vivo, de lo valiosa que es la cultura hispana y de cuán importante es la familia. Miro hacia atrás y me doy cuenta de todo lo que he logrado. Soy la primera en la familia en tener un título universitario. Me tocó rebasar ciertos obstáculos solo por ser hija de inmigrantes, pero al final logré lo que muchos anhelan: el tan esperado sueño americano.

Nicaragua

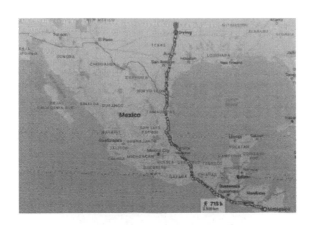

Eleonora vive en el estado de Texas junto a su
esposo e hijo menor. Se desempeña como
asistente de maestra y continuamente colabora
con obras de caridad para niños en su país natal
Nicaragua. Los niños en la foto son sus hijos
quienes hoy día son mayores de edad.

Siempre madre

A principios de 1977 en Matagalpa, Nicaragua me convertí en la primera hija de una madre de quince años y un padre de dieciséis. Durante el embarazo mi padre golpeaba a mi madre, la quemaba con cigarros y le llevaba las amantes para que les hiciera de comer. Con tanto maltrato, el parto llegó a los siete meses y pesé cuatro libras. Cuando nací, mi papá no quiso verme porque quería un varón. Me conoció a las dos semanas.

Mis padres se peleaban mucho. Ambos tienen un carácter muy fuerte. Cuando yo tenía dieciocho días de nacida, papá se enojó con mi madre y me robó. La policía me buscó todo un día y una noche. Cuando lo encontraron, me tenía sucia y sin comer. Para evitar la cárcel me puso un cuchillo en la garganta y me negoció.

Mi papá limpiaba zapatos y vendía el periódico para ayudar a su familia. No pasó de tercer grado. Luego le tocó ir a cortar café y allí conoció a mi mamá. No mucho tiempo después de conocerla, la embarazó de mí. Nos abandonó cuando yo tenía cinco años y ya éramos cuatro boquitas. Tristemente, mi mamá a los veintitrés años ya era una madre soltera con cuatro hijos a costillas. Cuando quedó sola, rentó un cuarto y nos dejaba cuidando con muchachitas de la colonia para ir a trabajar.

Recuerdo que ya separados, mi papá llegó borracho y le dio una paliza tan grave a mi mamá que quedó ensangrentada. Yo me metía en medio, pero ellos me empujaban y se agarraban a golpes. Saqué a mis hermanas para que no vieran. El policía era compadre de papá así que mami pagó con cárcel. Así funcionan las cosas en nuestros países.

Cuando cumplí seis años, mi mamá decidió irse a Managua para trabajar y nos dejó con mi abuela. Por eso, yo casi no me crie con ella. Tres años más tarde, una familia adinerada rifó solares para construir casas. Cuando mi mamá lo supo, se regresó a Matagalpa. A ella le tocó uno y a mi papá otro. Él tenía que pasar por nuestro pedacito de tierra para llegar al suyo. Ya vivía con otra mujer y le hizo una casa de ladrillos con sala, cocina y garaje. A él ya le iba bien. Mi madre no tenía nada. Hizo cuatro paredes y un techo de plástico negro, del que se usa en la construcción. Comíamos tortillas con sal mientras él comía carne, frijoles y arroz sabiendo que pasábamos hambre.

Mi madre trabajó mucho para ponerme en el mejor colegio de la ciudad, aunque no tuviéramos comida y nuestro techo fuera de plástico. Como teníamos que vivir en la casa para que no nos quitaran el terreno, continuó trabajando en Managua, pero nos dejó viviendo solas en la casa. Para esa fecha, yo tenía nueve años y cuidaba de mis hermanas Isabel de siete y María de seis como si fuera la madre. Le preparaba el biberón a María cada madrugada. Mis hermanas me llamaban mamá. Mi hermano, quién tenía ocho años se quedó con mi abuela.

El martes, 2 de febrero de 1988, mami estaba con nosotros y quiso visitar a mi abuela. No la encontramos porque estaba en un rancho visitando a un hijo. Esa noche cayó una tormenta horrible. Recuerdo que llovía muy fuerte y los relámpagos iluminaban la noche. Mi mamá prefirió que nos quedáramos a dormir allí porque parecía un diluvio. Además, en la casa de plástico se filtraba el agua. La casa de mi abuela tenía la mitad de abajo en ladrillos y la mitad de arriba en tablas. Tenía un solo cuarto con dos catres.

Isabel y María se durmieron conmigo como de costumbre. Mi mamá estaba en la otra cama. Me desperté cerca de las seis de la mañana para hacer el biberón de María. Para esa hora ya no llovía. Se lo di y cerré los ojos. Minutos después sentí un fuerte golpe. Mi catre se hundió hasta romperse en el piso. Cuando abrí los ojos estaba completamente oscuro y se escuchaba un ruido extraño. Me levanté, pero mi cabeza chocó con algo duro y ardiente. Vi una luz al lado derecho. Me di cuenta de que me encontraba debajo de algo.

A gatas, pasé por encima de varias cosas, pero no sabía lo que eran. Apenas comenzaba a amanecer. Seguí la luz y cuando salí, me enredé en una nube de polvo blanco. Cuando más o menos se disipó, me di cuenta de la realidad. ¡No estaba la casa! ¡Había un tráiler de dieciocho ruedas con doscientos quintales de cemento encima de los escombros! Destruyó tanto la casa de la vecina como la de mi abuela.

El amanecer llegó lleno de gritos. Se escuchaban cerca, pero no sabía qué hacer. No veía ni a mis hermanas ni a mi mamá. Las buscaba, pero había mucho lodo. Era resbaladizo y el de polvo de cemento no se desvaneció del todo. A la primera que vi fue a Isabel, la de siete. La arrastré para sacarla de abajo del tráiler. Cuando levanté la vista vi gente robándose las gallinas de mi abuela, pero no me importó porque mi hermana era mi prioridad.

Cuando la observé bien, vi que todo el lado izquierdo de su cara estaba destrozado y había perdido un ojito. Yo le gritaba desesperada que se despertara mientras la sacudía. Abrió el otro ojo y me miró. Respiró profundo y vomitó sangre sobre mí. Murió en mis brazos. ¡Fue el dolor más desgarrador! La gente vino a socorrer. Trataban de quitármela, pero no me dejaba. Yo la agarraba y pensaba que estaba teniendo una pesadilla. La gente me hablaba sin yo entender y los gritos seguían.

La nieta de la vecina también se accidentó y a su nieto, el zinc del techo le abrió el pecho. La nieta quedó inválida y él falleció. Mi mamá también gritaba que se estaba ahogando. Cuando reaccioné solté a mi hermana y busqué a mi madre. El camión encendido estaba encima de la cama de mi mamá. Me metí por debajo del tráiler. No podía ver ni respirar bien. María, la de seis añitos, murió al instante por un clavo que se le enterró en la nuca. La halaba, pero no podía sacarla. La llanta estaba en su cabecita. A mi mamá no la encontraba, solo la escuchaba. Debajo del camión, el polvo y las maderas estorbaban. Trajeron un gato especial para sacarla. Ella quedó grave en el hospital. Todo era confuso y sentía miedo. Por momentos no sabía si era real.

Mi mamá estuvo un tiempo hospitalizada. A mis dos hermanas las enterraron al día siguiente porque quedaron muy dañadas. Sus caritas estaban vendadas. Nunca supe de donde salieron los vestidos que tenían ni quien se encargó de todo. La familia estaba presente, pero me sentía sola. Además, mi abuela y mi mamá no estaban. Mucha gente se reunió, gente que ni conocíamos, pero como es una ciudad pequeña y murieron tres niños, muchos se presentaron.

El día del funeral yo las movía y les gritaba que se despertaran. Me inyectaron para calmarme. Por momentos me confundía y no podía distinguir entre si era realidad o pesadilla. Esa confusión la tuve por un tiempo. De lo que sí estoy segura, es que ese fue el único día que mi papá vino y las lloró. Nunca más volvió aparecer por allí. La noticia salió en el periódico y en la radio. No paraban de hablar de lo sucedido.

Mi abuela tardó varios días en llegar. Lo más que me dolió fue cuando mi hermano preguntó por ellas. ¿Cómo le explicas a un niño que sus hermanas están muertas y su mamá está en el hospital? Hubiera preferido mil veces mojarme en la casa de plástico esa noche que pasar por lo que me tocó vivir.

Cuando mi mamá reaccionó preguntaba por mis hermanas. Ni mi abuela ni mi mamá vieron cómo quedaron. Yo estaba en el hospital cuando le dieron la noticia a mi mamá. No sé quién le dijo, pero escuché en el pasillo los gritos y preferí no entrar. Estuvo bien que no las vieran porque ellas quedaron destrozadas, creo que no lo hubieran soportado. Desde ahí mi vida no fue la misma. Yo las bañaba y las cuidaba. Dormíamos juntas. Solo nos separábamos cuando yo me iba a la escuela. ¡Eran mis hijas!

Siempre tuve buenas calificaciones, pero esa vez tuve que repetir el grado. Fue un año horrible. Lloraba mucho, las extrañaba y no me podía concentrar. Dejé la casa de plástico y me fui a vivir con mi abuela. En la radio decían que a la señora del accidente le habían amputado las piernas y salíamos corriendo al hospital y no era verdad. Llegaron a decir que había muerto y tampoco era cierto. La gente no entiende cómo pueden dañar a los familiares cuando publican rumores. No podía estudiar así. Era un miedo constante.

A mi mamá se le quebró la pelvis y la pierna. La compañía para la que trabajaba el conductor le hizo una casa mal hecha a mi abuela. El hombre mató tres niños, dejó inválida a una niña, a mi mamá en silla de ruedas por nueve meses más destrozó dos casas. Solo tuvo quince días de cárcel y continuó manejando. Esa es la justicia que vivimos los pobres.

Al año, como mi mamá ya podía caminar, se fue a Estados Unidos. Decía que no soportaba el dolor. ¡Debió quedarse conmigo porque yo también estaba sufriendo a mis hermanas! Al ella irse me quedé más sola. Me dio rabia. Yo también estaba lastimada, yo las vi muertas y las enterré. No le importé y me dejó con mi abuela. Yo quería irme con ella, pero no hubo forma de convencerla. Dijo que tenía que olvidar a sus hijas, ¡pero no tenía que olvidarme a mí! ¡Yo también era su hija!

A mis diez años ya había perdido todo lo que era importante para mí. Nos mandaba dinero, pero yo no tenía a mis hermanas ni tampoco a mi mamá. Para mí, ese dinero no compensaba su ausencia. Necesitaba de ella. Yo misma me tenía que firmar las boletas de calificaciones porque mi mamá nunca estaba. En los años que estuve en el colegio no le conocieron la cara a mi padre. Ni siquiera cuando ella se fue. Jamás nos procuró.

Para mi graduación, le dije al colegio que mi papá me iba a entregar porque mi mamá estaba fuera. Él me contestó que no tenía tiempo para esas mierdas. Tampoco me quiso dar dinero para comprar los zapatos de graduación. El dinero que mandó mami se fue en cuotas y otros gastos. Me fui con los zapatos que usaba con el uniforme. No podía contar con él.

Mientras tanto, en ausencia de mi madre y con la entera confianza de mi abuela, un amigo de la familia entraba y salía de la casa. Venía con frecuencia a ayudar a mi abuela con cualquier cosa. Siempre que podía, aprovechaba para manosearme cuando no había nadie en la casa. Una vez me amarró los pies y las manos. Desde ahí no quise vivir más con mi abuela y me fui con mi tía.

Mi mamá le pagaba para que me cuidara, pero yo le trabajaba trapeando y lavando después de la escuela. Lloraba mucho porque mis primos me molestaban. Yo quedé muy sensible después de la muerte de mis hermanas y ellos se burlaban todo el tiempo. Busqué a mi papá. Él también me puso como criada de mi madrastra. Ella se iba todo el día a chismear con la vecina. Luego hacía todo a la carrera y decía que no tenía tiempo porque yo no la ayudaba.

Un día fui a estudiar y cuando regresé, mi papá me propinó una golpiza hasta hacerme sangrar. Estuve tres días sin ir a la escuela. Nunca supe por qué me pegó. No era vaga ni malcriada, jamás le falté el respeto ni a él ni a su mujer, no me lo merecía. De ahí me fui a vivir con mi abuela otra vez. ¡No tenía a dónde más ir! Ya tenía catorce años y mi vida era angustiosa. Tenía miedo de ese hombre y no encontraba un techo seguro. Lloraba a diario. No quería la vida que vivía.

Cuando pude hablar con mi mamá le pedí que viniera por mí porque no quería estar en Nicaragua. Era difícil comunicarme con ella. Yo caminaba treinta minutos para llegar a un local que tenía tres cabinas telefónicas. El dueño cobraba por minuto. Yo me quedaba esperando por horas y me iba llorando a la casa porque no me llamaba. Viéndolo bien nunca tuve familia. Crie a mis hermanas y las perdí. Tuve una madre a quién casi no vi y cuatro años más tarde de su partida, el hombre me seguía manoseando. Me sentía desolada.

Para colmo, mi mamá nos mandó fotos de una hija que tuvo. Me enojé porque mis hermanas estaban muertas. Pensaba que era muy reciente para que tuviera otra hija. Ya no podía más. No le explique lo grave que estaba la situación, pero la hice venir por nosotros. Le lloré como nunca y le imploré que viniera, pero no me atreví a contarle la razón. No tenía la confianza para decirle que me tocaban. Yo entendía que ella tenía que trabajar para que comiéramos, por eso no le reprocho, pero debió de dedicarse más a mí.

Como dije, la hice venir. Salimos en enero de 1991 y llegamos a Estados Unidos en marzo porque el coyote nos abandonó en Chiapas, México, cerca de la frontera con Guatemala. Nos pidió más dinero, pero no teníamos nada. Nos fuimos de casa en casa preguntando cómo llegar. Recuerdo que la gente le decía a mi mamá: "señora le van a hacer daño a sus hijos", pero no teníamos más opción. No sabíamos llegar y no teníamos dinero ni para comer. Todavía nos falta cruzar todo México de sur a norte.

Mi mamá logró comunicarse con alguien en Estados Unidos. Esa persona le mandó trescientos dólares y comenzamos a avanzar. Creo que entramos por la colindancia con Matamoros, Tamaulipas. Nunca había estado allí así que realmente ni se. Tan pronto pisamos suelo americano nos detuvieron. Nos metieron en una casa hogar por quince días porque éramos menores. Solo pensaba en lo dura que fue la travesía. Cruzamos tres países, nos abandonaron y estuvimos a la deriva. Pasamos hambre, dormimos en las calles y justo cuando llegamos nos atraparon. Este sacrificio no merecía ser en vano.

Al principio me sentía devastada, pero después conocí otros que estaba en la misma situación. En la casa hogar nos daban comida, nos ponían a estudiar y nos llevaban a jugar baloncesto. Me dieron ropa y zapatos usados. Para mí eran como nuevos. Al cabo de unos días ya no me quería ir porque no tenía nada de eso en Nicaragua.

Nos dieron una cita para presentarnos en corte. Tan pronto pusimos un pie en la libertad tomamos un *bus* para llegar a Dallas, Texas. Nos moríamos de hambre, pero solo nos sobraron veinticinco centavos. No los podíamos gastar porque los necesitábamos para llamar a mi tía. Mi mamá nos abrazó y nos dijo que nos durmiéramos, era para que no viéramos a los demás comer en el *bus*.

Mi mamá vivía con una tía que nunca contestó el teléfono. Tuvimos que esperar horas a que alguien llegara por nosotros. El hambre no me dejaba pensar. No podía prestar atención a cómo se veía la ciudad. Estaba desesperada. Un amigo de mi mamá nos dejó en el apartamento, pero no había nadie. La tía se fue y se llevó todo. Nos fuimos a casa de una señora, pero no nos dejó quedar y se negó a darnos comida porque pensó que su esposo se enojaría. Mi mamá llorando le pidió que nos dejara una noche, pero le dijo que no.

Mi mamá ayudó a esa señora a venir y ella nos dio la espalda cuando más necesitamos. Mami se enojó mucho. Sentí miedo. Al fin estaba en Estados Unidos, pero no tenía ni donde estar ni qué comer. No pensé que eso pasaría. Para mí, el norte era seguridad, era una mejor vida.

Mamá buscó a otra amiga. ¡Por fin sentí que estaba en un techo seguro! Estuvimos allí una semana hasta que mi madre encontró a su tía, quién ya vivía con un hombre. Allí conocí a mi hermanita de once meses. Cuando la vi, dejé de rechazarla, desapareció la rabia. Cuando la miré quemada y piojosa, la quise, la acepté y me convertí en su madre. También se llamaba Isabel.

La niña no paraba de llorar porque estaba bastante quemada. Yo me encargué de curarla, quitarle los piojos y alimentarla. Me recordaba a mis hermanas fallecidas. Su presencia alivió un poco mi dolor, pero no la incertidumbre de qué pasaría con mi vida. Dormíamos amontonados en un cuarto. Estuvimos allí hasta que mi mamá pudo rentar un apartamento para nosotros y nos movimos aparte.

Me tocó cumplir mis quince años en esa situación y quería vivir una vida normal. Pensé que terminaría la escuela, aprendería inglés y triunfaría. Eso es lo que uno imagina cuando viene aquí, pero mi mamá me dejó como niñera. Le suplicaba que me pusiera en la escuela, pero no lo hacía. Siempre me daba una excusa y nunca me inscribió.

Cuidando a Isabel, conocí al vecino de al frente. Él era la única persona que veía porque mi mamá se iba a trabajar y mi hermano se desaparecía con malas amistades. Yo nunca salía. Él venía mucho al apartamento y me ayudaba con la niña. Se convirtió en mi compañía. Me sentía bien porque me daba atención después de todo lo que había sucedido en Nicaragua, pero en verano se fue a trabajar a Nueva Jersey.

No me hizo tanta falta como pensé porque me llamaba y me escribía. Cuando me hablaba por teléfono me decía que me quería. Yo le decía que no podía ser pues él tenía veintidós y yo quince. Además, me habían dicho que Nueva Jersey era muy lejos de Texas. Poco a poco fui cayendo hasta que nos hicimos novios por teléfono. Mientras tanto, el 6 de diciembre mi mamá se casó con un señor que le doblaba la edad y ni conocíamos. Le conté a mi novio telefónico y me preguntó si me iría con él. No pensé que lo dijera en serio así que le dije que sí sin pensar que el 26 de diciembre de 1992 tocaría la puerta.

Como siempre, estaba sola con Isabel. Me brincó el corazón cuando lo vi y le pregunté qué hacía allí. "Vine por ti", contestó. "¿Ah, era en serio?" fue mi reacción. Me dio pesar no irme con él porque vino desde muy lejos. Así que le advertí que me iba, pero nada más como amiga. ¡Qué ingenua! Busqué una vecina para que cuidara a la niña. Le dejé una carta a mi mamá y nos fuimos en autobús rumbo a Nueva Jersey.

Durante el camino me dio fiebre. Él se bajó en una de las terminales para comprar medicina y agua. A las doce horas, quise regresar, pero él se negó porque iban a pensar mal de mi aunque no me hubiera tocado. Yo temblaba del miedo y de la fiebre. Ya estaba reaccionando al problema en que me había metido. El cansancio me venció hasta llegar a Nueva Jersey donde hacía mucho más frío que en Texas.

Llegamos al apartamento donde vivía junto a una tía y su cuñado. Solo tenía dos recámaras. Cuando la tía me vio gritó asustada: "¡muchacho, por Dios, regresa esa niña que te van a meter preso!" Me dio tanta vergüenza que no quise entrar. Otra vez no tenía a dónde ir y peor aún, estaba muy lejos. Me fui con lo que tenía puesto, no llevé ropa ni maleta. Recuerdo que era el 28 de diciembre de 1992. Me puse a llorar. No encontraba qué hacer ni a dónde ir. Sabía que había metido la pata y no hallaba qué hacer.

Después de un rato, me convenció de pasar la noche en el apartamento. Hacía frío, estaba en un lugar desconocido y sin saber a dónde ir. Mi única opción era dormir allí. Entré con la cabeza baja y muy asustada. El cuñado nos prestó su habitación pues mi novio dormía en el sofá. Yo escuchaba que le decían que yo era menor y que lo iban a encarcelar. Me quedé en el cuarto. No quería que me vieran. Esa noche lloré mucho. Seguía temblando de la angustia que sentía. Él quiso estar conmigo, pero no lo permití. Tenía mucho miedo y vergüenza. Pensé que al día siguiente regresaríamos, pero él no quiso.

Cada vez que caía la noche lloraba. Estaba muy nerviosa porque él quería tener intimidad. Yo pensaba que hacer el amor solo era besarse y acostarse juntos uno al lado del otro. Pero eso no era lo que me hacía. Tardó dos semanas antes de poderme tocar porque me ponía a llorar. No sabía a lo que iba. ¡Era tan inocente! Luego de mi primera vez seguí llorando cada noche.

Después de tres meses me regresó a Dallas ya panzona porque no me acostumbraba. Me llevó con mi madre y me dijo que regresaría justo para el parto. Habló con ella y le aseguró que iba a mandar dinero para mí y para el embarazo. Al irse comencé a llorar. Esta vez porque lo extrañaba. Me llamaba todos los días. No aguantó mis lágrimas y regresó a Dallas. Se quedó con nosotras en el apartamento y buscó trabajo.

Me sentí decepcionada porque a mis dieciséis años ya era madre de una pequeña niña. Me enamoré de ella. Es el amor más indescriptible que existe. Nunca pensé ser madre tan pronto, pero no tenía el conocimiento para protegerme. Inmediatamente quedé embarazada otra vez y de esta segunda aprendí. Durante este embarazo, mi madre pasó una temporada en Nicaragua. Llegó el niño y con él un gran aprieto económico. Mi esposo estaba manteniéndome a mí, a nuestros dos hijos que solo se llevan once meses y a mi hermana Isabel. Era mucha carga para lo que ganaba.

A los diecisiete años ya tenía dos hijos. Esa no era mi idea de venir aquí. Yo vine a estudiar y a tener una vida mejor. Comíamos frijoles todos los días y cuando se podía arroz. Dormíamos en el suelo sobre colchas. Nunca supe lo que era pedirle al gobierno. Yo no vine aquí a pedir. Vine a progresar, aunque me costara sacrificio.

Al poco tiempo, mi niña se enfermó y no teníamos seguro médico. Aquí la medicina es muy cara. Tuvimos que pagarle al doctor y a cambio perdimos el carro. Para comprar comida agarraba a mi hermana de la mano y en la única carriola que tenía ponía a los dos bebés, aunque fuera una carriola para un solo bebé. Caminábamos para todo. Era muy difícil para mí llevar a los tres así.

Mi esposo tuvo que tomar otro trabajo, pero no quería decirme qué hacía. Luego me enteré de que su segundo trabajo era limpiando excremento. Casi no lo veía porque llegaba de madrugada. A veces los niños tenían hambre y no teníamos nada. Hubo veces que solo alcanzaba para jugo. Lo dividía y le echaba agua para rendirlo. Compraba una caja de huevos y comíamos huevo duro toda la semana. Esos eran los sacrificios de pagar una renta completa pues no queríamos vivir con nadie ni pedirle al gobierno. Tengo familiares que viven apretados con muchas personas en un solo apartamento. Nosotros no deseábamos eso. Con el tiempo, compramos una cama donde dormíamos los cinco. Luego mi mamá llegó de Nicaragua y se llevó a Isabel. Allá adoptó una niña llamada Magdalena.

Poco a poco comenzamos a salir adelante. Cuando mi hija ya tenía cuatro años, mi esposo consiguió un mejor trabajo y empezamos a progresar. Nos cambiamos de apartamento y compramos otra cama, muebles para la sala y el comedor. Ya podíamos salir a comer afuera. ¡Ir al buffet chino era un manjar y por primera vez miré una película en el cine! Sabía que íbamos bien.

Una vez mis hijos comenzaron la escuela, aproveché para yo también estudiar. Era algo que había querido hacer siempre. Al cabo de un tiempo, la directora del programa al que asistía me ofreció trabajo cuidando niños. Yo le dije que no debido a que nunca había trabajado y estaba gestionando los papeles. En ese mismo año obtuve la residencia y me ofreció trabajo otra vez. No sabía nada de inglés todavía. Apenas iba aprendiendo mis primeras palabras. La supervisora me tomaba la mano y me decía *"table"* mientras tocaba la mesa, *"computer"* mientras señalaba la computadora y así nos entendíamos mientras yo aprendía. Primero me dieron doce horas, luego dieciséis, veinte, veintiséis hasta llegar a *full time*. Continué estudiando inglés y atendiendo a mis hijos mientras trabajaba.

Cuando me sentí lista, tomé mi examen de preparatoria. Finalmente, después de tanto desearlo ¡logré mi diploma! Fue entonces cuando entré a trabajar a una escuela primaria como asistente de maestra de niños especiales. Ya han pasado nueve años de labor con estos pequeñitos que llegan a desarrollarse en nuestras manos. Me gusta mi trabajo. Nunca he dejado de estar rodeada de niños. Primero cuidé a mis hermanas, luego a mis hijos y ahora a mis estudiantes. Es un trabajo que hago con amor.

Luego de veinticinco años viviendo en este país me siento tranquila. Mi hija se graduó de la universidad. Es la primera de la familia en tener diploma universitario. Me siento tan orgullosa como la mamá pavo real cuando estira las plumas. Mi hijo está asistiendo al colegio para luego entrar a la universidad.

Yo siempre quise estudiar y me costó mucho lograrlo. Mis planes no eran tener hijos tan rápido, pero los tuve y me dediqué a ellos. Le di lo mejor que pude con nuestros medios. Dejé mi sueño a un lado para echarlos adelante. Le agradezco a mi esposo porque él se sacrificó mucho para que yo pudiera estar con ellos. Mis hijos y yo nunca le vamos a pagar todo lo que ha hecho por nosotros. Muchas veces se ha olvidado de él por nuestro bienestar.

También le doy gracias a mi madre por traerme a este país ya que no sé qué habría sido de mí en Nicaragua. Estoy eternamente agradecida con Dios por darme la oportunidad de estudiar mientras mis hijos estaban en la escuela. Así pude aprender inglés y terminé la preparatoria. Yo tuve un sueño desde muy joven, estudiar y se me hizo realidad a través de mis hijos. Me siento feliz al ver a mi hija graduada, trabajando e independiente y a mi hijo estudiando.

Tengo mucho más de lo que imaginé. Vivo en mi propia casa, no paso hambre y mis hijos han tenido mejor vida que yo. Tanto mi esposo como yo ya somos ciudadanos. Nunca pensé en eso, pero ahora que miro hacia atrás y recuerdo la pobreza que vivía en Nicaragua, las veces que solo tuve una tortilla con sal para comer y el tiempo en que vivía sola criando a mis hermanas, me doy cuenta de todo lo que he caminado.

No olvido la soledad que sentía cambiando de casa en casa sin atreverme a hablar. Ya no estoy sola. Tengo una familia propia, aunque todavía me entristece recordar las muertes de Isabel y María. Ya serían adultas, pero si no fuera por esa tragedia nunca hubiera llegado aquí. Mis hermanas al igual que mis hijos están encaminados.

El sueño americano existe, pero para las personas que luchan por él. De nada sirve matarse trabajando para gastarlo todo en vicios. Cualquiera que trabaje y no ande en cosas turbias puede lograrlo. Aquí hay igualdad para la mujer, puede trabajar y puede estudiar. Allá, aunque estudies no hay trabajo. El sueño americano existe si te propones conseguirlo. Este es mi sueño y a través de mis hijos está cumplido.

Reflexión final

Yo tenía una idea clara cuando decidí escribir *En suelo extraño*: en Estados Unidos hay oportunidades, pero es un país muy idealizado. Pepe (*Papá Soltero*) me comentó que "cuando uno viene para acá solo piensa en lo positivo. Nunca piensas en que van a pasar cosas malas". Eso fue exactamente lo que me ocurrió a mí y a muchos. Siempre hay miedos, pero puede más esa imagen idealizada de progreso que los temores. De igual manera les ocurrió a los once inmigrantes entrevistados. Vienen a este país con muchos sueños, pero al llegar se dan cuenta que es un país como cualquior otro con cosas buenas y malas. Uno de los relatos que más claramente expone este hecho es *El lugar no es la respuesta*. A pesar de las ventajas, el país no tiene una varita mágica que resuelve problemas. Hay quienes como José Luis (*Mutilado por la Bestia*) indican que de haber sabido cómo eran las cosas aquí no hubiera arriesgado su vida.

Estados Unidos ofrece sin dudas un nicho para cada sueño, pero depende de cada persona encontrarlo y esforzarse en explotarlo positivamente. Quien quiera salir adelante puede, solo necesita proponérselo y buscar su camino.

Durante mi recorrido en *En suelo extraño* se desprendieron muchos temas. Uno de ellos es la imagen idealizada que mencioné. Los entrevistados concordaron en que visualizaban ciudades grandes y llenas de oportunidades como se indica en *Mi Motor de Vida*. Es cierto que hay grandes metrópolis muy cosmopolitas, pero también existen pueblos pequeños que todavía están en desarrollo. Desde afuera, Estados Unidos luce como un país donde todos viven bien. Me he cruzado muchas veces con historias de latinos que son lastimados porque sus familiares piensan que son ricos cuando la realidad es muy distinta. Por ejemplo, conozco una joven que se dedica a limpiar casas. Su familia vive en su país natal. Su sobrino le pidió para Navidad un par de tenis muy caros. El otro sobrino no se podía quedar atrás y pidió un par más caro y así comenzó la competencia entre ellos dos. Al final ella tuvo que pedirles que escogieran otro regalo porque el calzado que pedían era muy costoso y no podía comprarlo. La familia se enojó porque si ella vivía la buena vida de Estados Unidos tenía que tener dinero para los gustos de sus sobrinos. "Mendiga coda" fue la expresión más amable que recibió esa Navidad. Es triste que muchas personas que no viven aquí, estoy consciente que no todas, piensen que la vida americana es solo de lujo y derroche. Sí, existen ricos, pero no toda la población está en esa posición. Una situación similar quedó a la luz en *Nada es imposible*, relato en el cual la protagonista expresa haber ayudado económicamente durante mucho tiempo a su familia sin siquiera recibir las gracias. Desafortunadamente, no tuve la oportunidad de entrevistar a ningún trabajador de la pizca, pero si prestamos atención a la vida de ellos podemos observar claramente que están muy lejos de tener una vida de lujos. Ellos viven en sus carros o en alojamientos que muchas veces no están en condiciones habitables. El vivir en este país no asegura una vida de millonarios como muchos piensan. Aquí también hay que trabajar y muy duro. La diferencia está en que hay demanda de trabajo y beneficios que no existen en otros países.

Cabe mencionar que también hay muchos estereotipos sobre los hispanos. Algunos nos acusan de quitarles los empleos a los americanos. Entiendo que un sector de la población le moleste ver que cada día se solicita más personal bilingüe y aquellos nacidos aquí queden fuera de la lista de candidatos potenciales por no saber un segundo idioma. No recuerdan que Estados Unidos no tiene un idioma oficial establecido. La razón por la que predomina el inglés es porque el país tuvo mucha migración británica. Debido a que la mayoría de la población hablaba inglés, éste se fue estandarizando hasta quedar plasmado en la Carta de Derechos y sucesivamente en los demás documentos, pero ninguno indica que es el idioma oficial del país. No cabe duda que para evitar malentendidos o por razones de etiqueta en muchos lugares exigen que se hable en inglés. El dominar más de un idioma no debería verse como una molestia sino como una ventaja. En el mercado laboral americano hay mucha competencia. Mientras más conocimientos y experiencias puedas aportar, más atractivo eres como candidato. Queda de cada uno decidir si se molesta por la situación o se decide a crecer.

Al discutir este tema se debe considerar el hecho de que muchos latinos vienen aquí a hacer trabajos no profesionales como se menciona en *¿Realidad o sueño?* y como ocurre con Adriana y su esposo en *Nunca es tarde*. Adriana nos muestra la frustración de tener educación y no poder ejercer su profesión. Muchos se tienen que conformar con trabajos que no requieren estudios porque es lo que encuentran mientras otros deciden cambiar de carrera (*Nada es imposible*). En *Siempre Madre* se mencionan trabajos como limpiar excremento, empleos en los cuales mayormente no ves americanos. De la misma manera, también hay latinos que cuentan con la bendición de tener trabajos profesionales. La población no es homogénea, por ende, decir que todos los latinos se dedican a lo mismo o vienen a quitarles los trabajos a los americanos es un estereotipo. Hay trabajo en todas las industrias, pero le corresponde a cada cual encontrarlo y prepararse no solo para obtenerlo sino también para ser exitoso en él.

En *El otro lado de la moneda* se menciona que muchos creen que los latinos venimos a vivir del gobierno. Las personas que afirman esto no toma en consideración la clase hispana trabajadora la cual aporta mucho tanto a la economía estadounidense como a la de sus países. Tampoco toman en cuenta a aquellos que han triunfado ni a los que verdaderamente necesitan y no piden (*Siempre Madre*). No niego que desafortunadamente sí existen personas que se dedican a exprimir las ayudas sociales. Yo lo vi mientras trabajaba como intérprete. Es lastimoso que por culpa de aquellos que se aprovechan paguemos justos por pecadores. Me tocó interpretar para mujeres que son fábricas de hijos americanos cuyo único objetivo es obtener dinero del gobierno como también me topé con madres que buscan incapacitar a sus hijos para recibir los beneficios del seguro social cuando el niño no tiene ningún retraso o problema. De igual manera, encontré madres quejándose con las trabajadoras sociales porque a la vecina le dan más ayudas que a ella. Para ellos solo les pido que recapaciten y no se conviertan en parásitos. Los que vienen con esa mentalidad no solo manchan la imagen de los que trabajamos, también se convierten en una vergüenza. Una cosa es tener necesidad y solicitar la ayuda que te corresponde mientras sales de una situación difícil y otra muy diferente es venir a vivir de gratis. La vida no es fácil ni aquí ni allá, pero si aquí tienes la oportunidad de triunfar, ¿por qué escoges ser un rezagado?

Felicito a todos aquellos hispanos que han venido a trabajar honradamente para salir adelante. Son muchos los luchadores que laboran de sol a sol, pierden días festivos trabajando, tienen empleos poco agradables o necesitan múltiples trabajos para alimentar a su familia decentemente. Ustedes son ejemplo para seguir y representan la lucha diaria de los latinos. Son un orgullo pues hacen todo tipo de sacrificio para salir adelante. Son ustedes quienes al leer este libro pueden confirmar que Estados Unidos es un país muy idealizado, pero donde a pesar de todos los obstáculos, los sueños son posibles. Gracias por ser dignos representantes de la comunidad latina, por levantar nuestro nombre y enfrentar con humildad los retos que representa el exilio.

Otro estereotipo común que encaran los hispanos es la etiqueta de pobres y analfabetas. Basado en las entrevistas utilizadas para recrear las historias de este libro, no todos vienen de familias pobres. En *Papá Soltero*, la familia de Pepe era pudiente antes del terremoto. Luego de este desastre natural quedaron en la ruina y pasaron por muchas vicisitudes. En *Siempre Madre*, la familia era pobre y padeció hambre hasta que su mamá comenzó a enviar dinero desde Estados Unidos. En *Mutilado por la Bestia*, su familia era humilde, pero después del huracán Mitch quedaron en la miseria. El resto de los participantes afirmaron ser de clase media o estar bien. Todos los participantes saben leer y escribir. Cuatro de ellos poseen estudios universitarios y uno de ellos va a comenzar la universidad próximamente.

Estoy consciente que doce no es un número representativo para cincuenta millones, pero me siento orgullosa de que mis participantes hayan tenido la dicha de aprender a leer y escribir.

Entre otros temas que quedaron al descubierto están que muchos conservamos la calidez humana (*Nunca es tarde* y *El otro lado de la moneda*) y añorar el país de procedencia (*Historia de un bebé ancla, Mutilado por la Bestia* y *Nunca es tarde*). Dos apoyos importantes para los entrevistados fueron la familia ya sea para estudiar o sobrepasar problemas (*El otro lado de la moneda* y *Siempre Madre*) o para dejar los niños a cargo de familiares (*Mujer Bendecida, Papá Soltero* y *Siempre Madre*) o cuando los hijos se hacen cargo del hogar mientras los padres pueden hacerlo (*Historia de un bebé ancla, Siempre Madre*). El apoyo por parte de la iglesia también jugó y sigue jugando un papel importante en la vida hispana como ocurre en *Mujer bendecida, Mutilado por la Bestia, Llamado divino* y *El lugar no es la respuesta*. A pesar de que la familia es un apoyo importante, se observa claramente que ni la familia ni el dinero compensan la ausencia de una madre que se marcha (*Papá soltero* y *Siempre Madre*).

Otro tema que relució fue que Estados Unidos le da gran importancia al crédito. Si tienes buen crédito se te abren las puertas para hacer negocios y comprar propiedades (*Nada es imposible*). Sin embargo, aquellos que pierden su buen crédito son tratados como un número más como relata Pepe en *Papá Soltero*. La pérdida del buen crédito te lleva a batallar mucho más para obtener las cosas que necesitas. Los que tienen buen crédito lo quieren conservar y cuando les llueven problemas financieros se sienten en aprietos como ocurrió en *Nunca es tarde*.

Para mi sorpresa, pensé que las dificultades más complicadas de los protagonistas serian el racismo y la necesidad de legalizarse. De hecho, pensé que esos temas serían constantes en el manuscrito. Aunque sí se exhibe racismo (*Papá Soltero, Llamado divino* y *El otro lado de la moneda*) y hay necesidad de obtener papeles (*Mutilado por la Bestia, ¿Sueño o realidad?* y *Mujer Bendecida*) y otros mencionaron haberse legalizado (*Mi Motor de Vida, Llamado divino, Siempre madre* y *Nunca es tarde*), este no fue un tema mayor. A pesar de esto, se muestra que el estado legal causó mucho pesar en relatos como *Mi Motor de Vida*, en el cual Sara tuvo que decidir entre arriesgarse a ver a su madre antes de morir o no verla en su lecho de muerte para evitar perder sus papeles, y en *Llamado divino* donde la protagonista vivió angustia y explotación durante años por miedo a ser deportada. Algo que no me sorprendió fue ver racismo de parte de hispanos contra hispanos como en Papá Soltero quien fue tachado de cholo y pandillero por su suegra y como en Llamado divino, quién solo recibió desprecio por ser "poca cosa" por el solo hecho de ser hispana. En ambos casos las discriminadoras eran mujeres hispanas. Tristemente, he visto cómo algunos latinos discriminan contra otros y se insultan llamándose "indios". ¿Quién dijo que ser un indio es razón de vergüenza o insulto? En mi opinión, deberíamos estar orgullosos de nuestras raíces, sean cuales sean, y apreciar esa diversidad. Todos podemos aprender los unos de otros. Cada uno de nosotros deberíamos apoyarnos y darnos la mano. Al final de cuentas, estamos en el mismo barco o ¿me equivoco?

Regresando al tema, las grandes dificultades recayeron mayormente en problemas personales o laborales, tales como no poder ejercer su profesión (*Nunca es tarde, Nada es imposible* y *¿Sueño o realidad?*), la necesidad de encontrar un buen empleo

(*Nunca es tarde, El otro lado de la moneda, Papá soltero, Mujer bendecida* y *Llamado divino*), abuso y pérdida de identidad (*Llamado divino*), divorcios (*Papá Soltero* y *Llamado divino*), problemas de drogas (*El lugar no es la respuesta*) y problemas de salud (*Mujer bendecida* y *Llamado divino*) entre otros abarcaron los tropiezos mencionados.

En cuanto a la inmigración les puedo asegurar que Estados Unidos es un país compuesto de inmigrantes desde que lo descubrieron. La inmigración no es un tema reciente. Desafortunadamente, con el nuevo gobierno se están viendo muchas injusticias que causan separación familiar y desencadenan otros problemas. La realidad es que un muro no va a frenar la inmigración ilegal. Estoy de acuerdo con José Luis (*Mutilado por la Bestia*) en su pensamiento de que todos deberíamos poder vivir el sueño americano en nuestra tierra, pero mientras no exista voluntad política no habrá mejoría, y por consiguiente, la inmigración legal o ilegal continuará sin importar cuántos muros se levanten. Todos merecen una mejor calidad de vida y les corresponde a los gobiernos trabajar para el bienestar del pueblo. Estados Unidos aporta muchas ayudas, ¿pero a dónde van esas ayudas? ¿Dónde está la mejoría en esos países que las reciben? ¿Quién se está beneficiando de ellas? ¿Quién se encarga de auditar el buen o mal uso de estas ayudas?

Este manuscrito finalizó con doce historias en vez de diez como tenía previsto. Son muchas las historias y muy diversas las razones y experiencias, lo que prevaleció es que todos vienen pensando que aquí tendrán una mejor vida. El sueño americano se convirtió en un sueño muy personal que existe en cada cabecita. No se puede decir que el sueño americano es esto o lo otro porque cada uno tiene su propio sueño. Según lo recopilado aquí es muy relativo. Este puede ir desde obtener libertad e independencia, vivir lejos de la violencia, reunirse con su familia, tener mejores oportunidades, salir de la pobreza, conseguir estabilidad económica hasta encontrar su propósito de vida. La mayoría de los participantes expresaron haber cumplido su sueño americano o estar satisfechos con la vida que tienen aquí. Mientras que dos dicen todavía estar trabajando para alcanzarlo y dos declaran que el sueño americano no existe. Queda claro que llegar aquí no nos hace exentos de encarar problemas de diversas índoles. Tal vez sean los mismos problemas que enfrentabas en tu país (*El lugar no es la respuesta*) o sean diferentes, pero igual te toca sobrepasar situaciones difíciles. Sin embargo, hay dos armas muy importantes para sobreponerse a las adversidades que encuentres aquí y en cualquier país: la actitud con que enfrentas los problemas y la perseverancia. Tú decides si el inglés es una barrera o el español es un nicho. De ti queda detenerte cuando las cosas son difíciles o si perseveras hasta lograrlas. Tu actitud hace la diferencia y la perseverancia te lleva a los frutos. Así de simple. Solo tú y más nadie decide cómo enfrentar la realidad. ¿Ves las desventajas o las oportunidades?

Al concluir este proyecto, no puedo decir que una historia es mejor que la otra pues todas son mis favoritas. Cada una aporta algo importante a la realidad hispana de Estados Unidos. *El lugar no es la respuesta* muestra que otro país no resuelve tus problemas, mientras *Siempre madre* muestra la pobreza de Centroamérica y el deseo de salir adelante decentemente, *Mutilado por la Bestia* expone la peligrosa travesía que muchos enfrentan para cruzar, sus consecuencias y la falta de apoyo de los gobiernos, al igual que *Papá Soltero*, también revela la poca ayuda que reciben los damnificados de desastres naturales en países extranjeros, situación que hunde en la miseria a muchas familias y por ende las empuja a cambiarse de país. *Papá Soltero* también demuestra la separación familiar que surge a raíz de la inmigración y el trabajo de sol de sol sin importar los días festivos. *Historia de un bebé ancla* y *Mujer bendecida* exhiben la violencia que impulsa a muchos a cruzar fronteras mientras que *¿Sueño o realidad?* relata la preocupación de una juventud que merece una mejor oportunidad. *Llamado divino* muestra la opresión que viven muchos por miedo a ser deportados. *Mi motor de vida* confirma que una mujer lo puede lograr todo en la vida aun en un país extraño. *Nada es imposible* manifiesta que el sueño americano es alcanzable si te los propones. *Nunca es tarde* prueba que a veces hay que enfrentar situaciones injustas pero la manera en que tomes las cosas te abre o te cierra las puertas y *El otro lado de la moneda* documenta que los hijos de inmigrantes no son inferiores, aunque tengan que pasar por racismo o estereotipos.

Solo me resta decirles que Estados Unidos es un país muy idealizado, ya lo he mencionado antes. Ni es bueno ni es malo. Es un país como cualquier otro, pero con ciertas ventajas que otros países carecen. La clave del triunfo es saber aceptar las cosas como vengan y aprovecharlas. Lo que va a hacer la diferencia depende de ti. Cómo veas y cómo resuelvas las situaciones son las claves para salir adelante sin dejar atrás el trabajo arduo que conlleva tu decisión. Todos tenemos un camino largo por recorrer como lo ven en la portada. Siempre vamos a encontrar piedras y espinas, pero también bendiciones. Tú decides cómo quieres caminar ese sendero pues es un lienzo casi en blanco que te toca terminar de dibujar. Es un camino que no vuelves a recorrer porque caminas para adelante, aunque a veces pienses que vas para atrás. Las situaciones pueden repetirse, pero lo caminado ya está caminado. Vas forjando tu senda mientras caminas. Para culminar mi reflexión no encuentro mejores palabras que las del poema de Antonio Machado y cito:

"Caminante, no hay camino, se hace camino al andar. Al andar se hace camino, y al volver la vista atrás se ve la senda que nunca se ha de volver a pisar."

Buena suerte a todos los que emprenden su camino aquí o allá.

Glosario

Alberca
Piscina (Rae.es)
Chicano
Ciudadano de Estados Unidos de América y perteneciente a la minoría de origen mexicano (Rae.es)
Cholo
Mestizo de sangre europea e indígena (Rae.es). Referido mayormente a pandilleros
DACA
Programa de Acción Diferida para inmigrantes que llegaron antes de los 16 años.
DAPA
Programa de Acción Diferida para padres de ciudadanos o residentes permanentes de Estados Unidos.
Dreamer
Soñador, indocumentado que entró a Estados Unidos antes de los 16 años.
Hispano, na- Dicho de una persona: Que es de origen hispanoamericano y vive en los Estados Unidos de América. (Rae.es)
La Bestia
Conjunto de trenes que viajan de sur a norte usado mayormente por centroamericanos indocumentados para llegar a la frontera de México con Estados Unidos.
Latino,na- Dicho de una persona: De algunos de los pueblos de Europa y América que hablan lenguas derivadas del latín. (Rae.es)
Maras
Pandilla juvenil organizada y de conducta violenta, de origen hispanoamericano (Rae.es)
Mula
Contrabandista de drogas en pequeñas cantidades (Rae.es)

Pacha
En Guatemala, El Salvador y Nicaragua, biberón (Rae.es)
Patojo
En Guatemala y Honduras, niño, muchacho (Rae.es)
Pizca
Recogido de cosechas
Quetzales
Moneda nacional de Guatemala
Short sale
Venta de una propiedad por una cantidad menor a la que debe.
Tizón
Palo a medio quemar (Rae.es)

Me encantaría saber ti. Cuéntame cuál es tu historia
favorita. ¿Con cuál relato conectaste? Todos tus
comentarios son bienvenidos. También puedes dejar
tu opinión sobre
En Suelo Extraño en Amazon.com

Contactos: sherami@sheramiconesa.com
www.sheramiconesa.com
Facebook:@sheramiconesa

Made in the USA
Columbia, SC
20 December 2018